Reise durch

TÜRKISCHE MITTELMEERKÜSTE

Bilder von
Martin Siepmann

Texte von
Georg Schwikart

Stürtz

MARINE CLUB

Erste Seite:
Eingangsbereich der Karawanserei in dem populären Ferienort Çeşme. Sie stammt aus dem 16. Jahrhundert und ist heute ein stilvolles Hotel.

Vorherige Seite:
Blaue Stunde am Jachthafen von Kuşadası. Bis ins 15. Jahrhundert war die Stadt ein Handelszentrum der Seerepubliken Venedig und Genua. 1413 eroberten sie die Osmanen.

Unten:
Am Fischerhafen von Datça. Der Ort liegt im Südwesten der Türkei, in der Mitte der gleichnamigen Halbinsel, die auch Reşadiye-Halbinsel genannt wird. Sie ist etwa achtzig Kilometer lang und reich an Buchten und Häfen.

Seite 10/11:
An der lykischen Küste südlich von Antalya. Blick vom Berg Çalıştepe über den Ferienort Kemer auf das bis zu 3000 Meter hoch aufragende Taurusgebirge.

Inhalt

Fantastische Strände und grandiose Kultur – die türkische Mittelmeerküste

Kelebek vadisi, „Schmetterlingstal", heißt diese Bucht bei Fethiye. Umgeben von Steilhängen, kann sie nur per Boot oder zu Fuß erreicht werden. Ihren Namen hat sie von den zahlreichen Schmetterlingsarten, die hier überwintern.

Das Mittelmeer ist geologisch ein Nebenmeer des Atlantischen Ozeans zwischen Südeuropa, Vorderasien und Nordafrika. Rund um dieses Meer herrscht ein Klima mit trockenen, heißen Sommern und feuchten, eher milden Wintern, das in verschiedenen Ländern eine ähnliche Flora und Fauna hervorbringt. Vom Mittelmeer und seinem Klima geprägt – also „mediterran" – sind die Küche, die Lebensweise und die Kultur der Anrainerstaaten. Und doch sind sie alle verschieden.

Die Türken nennen das Mittelmeer „Akdeniz", das „Weiße Meer", weil sie ja im Norden des Landes an das „Schwarze Meer" grenzen. Von Çanakkale bis Antakya zieht sich die Küste über mehr als 1800 Kilometer hin, im Westen entlang der Ägäis, im Süden, wo sie auch türkische Riviera genannt wird, zum Levantischen Meer, dem östlichen Teil des Mittelmeers.

Bereits Mark Twain hatte bei seiner „Reise durch die Alte Welt" erkannt, dass das Mittelmeer nicht trennt, sondern verbindet. Orient und Okzident liegen dicht beieinander, und das wird nirgendwo so deutlich wie in der Türkei. In Istanbul, der Stadt auf zwei Kontinenten, kristallisiert sich diese Grenze, und entlang der türkischen Mittelmeerküste spürt man das Neben- und Miteinander der Kulturen auf Schritt und Tritt. Die Küstenregionen sind ganz anders geprägt als das türkische Binnenland, flacher und fruchtbarer. Überhaupt unterscheidet sich das Leben in Anatolien vom Leben am Mittelmeer. Der Zoologe Harald Schweiger ging so weit zu behaupten: „Nicht nur die Überreste griechischer Hochkultur verraten klassischen Boden, auch eine an das südliche Griechenland erinnernde Landschaft mit Zypressen und Feigenhainen, Weingärten und Palmen empfängt den Besucher, und nur die schlanken Minarette der Moscheen verleihen ihr türkisches Gepräge."

Ferienkataloge über die türkischen Küsten versprechen „Urlaubsvergnügen total", und das ist nicht einmal übertrieben. An der Ägäis

gelten die Strände der Halbinseln Çeşme und Bodrum als legendär. Die Infrastruktur der Touristenzentren bietet alles, was der Erholung und der Unterhaltung dienlich sein kann. Dazwischen liegen Fischerdörfer, die man – um den kitschigen Begriff zu bemühen – nur als „malerisch" bezeichnen kann. Schließlich steuert die Natur ihren Teil zur begreiflichen Beliebtheit dieses Stücks Erde bei: herrliche Küste mit vielen Buchten und ein Klima, in dem Oliven, Wein und Tabak gedeihen. Viel mehr als nur eine kulturelle Zugabe sind die bedeutenden Orte des Altertums, die eigentlichen Höhepunkte einer Türkeireise: Wer ließe sich ohne Not Troja, Pergamon (heute Bergama) und Ephesos entgehen, diese antiken Metropolen?

Perle der Ägäis

Den stolzen Titel „Perle der Ägäis" trug einst die Stadt İzmir. Im Lauf der Jahrzehnte schwoll ihre Einwohnerzahl auf etwa dreieinhalb Millionen an. Damit avancierte İzmir zwar zur drittgrößten Stadt der Türkei, doch büßte sie durch ihre umfangreiche Industrie auch viel vom ehemaligen Reiz ein. Als Zentrum der Küstenregion ist die Stadt – in der Persönlichkeiten wie der sagenhafte Dichter Homer und der prominente Reeder Aristoteles Onassis zur Welt kamen – dennoch sehenswert. İzmir gilt als liberalste Stadt der heutigen Türkei. Im Stadtteil Alsancak gibt es Geschäfte und Boutiquen, Clubs, Bars und Diskotheken. Dieser Kontrast zwischen orientalischer Kultur und Moderne macht İzmir zu einem sehenswerten Reiseziel.

In der Antike lautete ihr Name übrigens Smyrna. Der Dichter Friedrich Hölderlin schrieb in seinem Briefroman „Hyperion" im Jahr 1797 die sehnsüchtigen Sätze: „Auch denke ich gern an meine Wanderungen durch die Gegend von Smyrna. Es ist ein herrliches Land, und ich habe tausendmal mir Flügel gewünscht, um des Jahres einmal nach Kleinasien zu fliegen." – Wie schade nur: Hölderlin betrat nie kleinasiatischen Boden. Ihm war nur das Träumen vergönnt.

Man könnte meinen, ein Reiseprospekt würde mit überschwänglichen Formulierungen Kunden locken wollen, und doch hebt so der fulminante Roman „Mehmet mein Falke" des türkischen Schriftstellers Yaşar Kemal an: „Die Hänge des Taurusgebirges steigen von der weiß schäumenden Mittelmeerküste ganz allmählich bis zu den Höhen der Taurusgipfel an. Über dem Mittelmeer kann man immer weiße Wolken sehen, die aufeinandergetürmt, dahintreiben. Das Küstenland ist so glatt und ebenmäßig, dass man glauben könnte, es sei mit einer Glanzschicht überzogen."

Traumhafte Lagunen

Die Südküste der Türkei bietet alles, was der Urlauber sucht: fantastische Strände mit traumhaften Lagunen, dazu subtropisches Klima, in dem Zitronen, Orangen, Bananen und andere Südfrüchte gedeihen. Viele Ferienorte bieten hohen touristischen Standard und sind westeuropäischen Besuchern längst ein Begriff. Mittelpunkt dieser Küstenregion ist Antalya, die Atatürk einst als schönste Stadt der Türkei bezeichnete. Diese Perle der türkischen Riviera hat trotz der enormen wirtschaftlichen Entwicklung ihren eigenen Charme bewahren können. Der Bummel durch die Altstadt ist ein Vergnügen.

Ins Hinterland locken nicht nur prächtige Pinienwälder, sondern auch antike Stätten: Xanthos, Termessos und Perge etwa, wo der Apostel Paulus während seiner Missionsreisen zweimal an Land ging. Nicht zu vergessen: Myra! In dieser Stadt, die über ein prächtiges Amphitheater verfügte, war der heilige Nikolaus einst Bischof gewesen. Heute heißt die Kleinstadt Demre. An vielen Orten zeugen mehr oder minder gut erhaltene Ausgrabungen des Altertums unübersehbar von der großen Vergangenheit dieser Küstengegend.

Die Türkei ist ein Land der Gegensätze: Morgenland und Abendland stoßen aufeinander. Tradition und Moderne ringen um die Vormacht. Stadt- und Landkultur bilden zwei völlig verschiedene Welten. Die Gesellschaft droht zu zerreißen: Wer ins Ausland geht, bleibt dort ein Ausländer; wer zurückkehrt, ist zu Hause zum Fremden geworden. Selbst die Natur gibt sich kontrastreich mit ihren lieblichen Küsten und schroffen Gebirgen, den üppigen Plantagen und den unwirtlichen Steppen. Die Türkei bildet aber auch die Brücke zwischen Europa und Asien, und nicht erst seit der Neuzeit. Hethiter, Griechen und Römer prägten das Land, später Byzantiner, Seldschuken und Mongolen, schließlich Kreuzritter und Osmanen. Heute strebt die Türkei wirtschaftlich und politisch westwärts, möchte aber die Bande zu den orientalischen Nachbarn nicht lösen.

Streifzug durch die Geschichte

Bereits vor 80 000 Jahren durchstreiften Jäger und Sammler Kleinasien auf der Suche nach Beute. Ab 6000 v. Chr. ließen sich erste Ackerbauern nieder. Siedlungen entwickelten sich zu Städten: Trojas große Zeit begann ab 3000 vor der Zeitenwende. Kleinere Königreiche entstanden und zerfielen. 546 v. Chr. wurde die Kleinasiatische Halbinsel dem Reich der Perser einverleibt, das im Jahr 323 v. Chr. von Alexander dem Großen erobert wurde. Im folgenden Jahrhundert wurde das Reich von Pergamon

Wochenmarkt in Manavgat in der Provinz Antalya. Die Stadt liegt in einer fruchtbaren Ebene und versorgt die umliegenden Ferienzentren mit Obst, Gemüse und Blumen.

in Westanatolien zur Großmacht. Dessen König vermachte es im Jahr 133 v. Chr. den Römern. Sie verleibten West- und Zentralanatolien als römische Provinz Asia ihrem Weltreich ein, was einen enormen wirtschaftlichen und kulturellen Aufschwung zur Folge hatte.

Im ersten nachchristlichen Jahrhundert begann der Apostel Paulus mit der Christianisierung Vorderasiens. Nach der Hinrichtung von Petrus und Paulus im Jahr 64 durch Kaiser Nero begann die Zeit der Christenverfolgungen. 330 n. Chr. machte Kaiser Konstantin das um 660 v. Chr. von den Dorern gegründete Byzantium (Byzanz) zur neuen Hauptstadt des Römischen Reiches. Zunächst hieß die Stadt „Nova Roma" (Neu-Rom) später Konstantinopel.

Nach der Teilung des Römischen Reiches durch Kaiser Theodosius im Jahr 395 wurde Konstantinopel Hauptstadt des Oströmischen (Byzantinischen) Reiches, das sich zunächst vom Balkan über die Kleinasiatische Halbinsel und Vorderasien bis nach Ägypten erstreckte, und nach dem Niedergang des Weströmischen Reiches zu Anfang des 6. Jahrhunderts sogar bis nach Italien und Spanien. Im 6. und zu Anfang des 7. Jahrhunderts versuchten die Perser mehrmals, die Region in ihre Gewalt zu bringen. Sie eroberten Teile Syriens, Kleinasiens und Palästinas, und wurden 622 vertrieben.

Ab dem 7. Jahrhundert versuchten immer wieder arabische Stämme Kleinasien einzunehmen. 1071 wurde das oströmische Heer von den Seldschuken geschlagen, die daraufhin große Teile Anatoliens besetzten. 1204 eroberten die Kreuzfahrer Konstantinopel und errichteten das Lateinische Kaiserreich. Bis 1261 hatten die türkischen Seldschuken die Kreuzritter aus Palästina vertrieben, und das Byzantinische Reich erstand wieder, beschränkte sich jedoch auf ein Gebiet zu beiden Seiten der Ägäis. Der turkmenische Sultan Osman I. legte den Grundstein zum Osmanischen Reich. Im Jahr 1326 eroberte er Bursa, das sein Sohn später zur Hauptstadt machte.

Das Osmanische Reich

Die Osmanen drangen immer weiter auf das europäische Festland vor. Der Sieg über die Serben auf dem Amselfeld, beim heutigen Priština im Kosovo, sicherte ihnen die Vorherrschaft auf dem Balkan. 1453 wurde Konstantinopel von Sultan Mehmed II. erobert. Damit war die tausendjährige Geschichte des Byzantinischen Reiches zu Ende. Mehmed II. machte aus Konstantinopel die Hauptstadt des Osmanischen Reichs und nannte sie Istanbul. Griechenland, Bosnien, Serbien, Albanien, Syrien, Palästina und Ägypten wurden dem Osmanischen Reich angegliedert, und die sunnitische Richtung des Islam zur Staatsreligion erklärt. Im 16. Jahrhundert erstreckte sich das Osmanische Reich vom Schwarzen Meer über den ganzen Balkan bis nach Ungarn. Die gesamte Küste Nordafrikas bis nach Marokko gehörte ebenso dazu wie Anatolien, Mesopotamien, Palästina und die Arabische Halbinsel. Die Zentralregierung nannte sich inzwischen Hohe Pforte.

1571, nach der verlorenen Seeschlacht gegen die Spanier und die Venezianer, begann der Stern des Osmanischen Reiches zu sinken. Die Osmanen verloren die Oberherrschaft über das Mittelmeer. 1683 gaben sie die erfolglose Belagerung von Wien auf. Sie verloren in den folgenden 150 Jahren sukzessive Dalmatien, die Krim, die Arabische Halbinsel und Südgriechenland, und im Jahr 1830 besetzte Frankreich das bis dahin osmanische Algerien. Rumänien, Montenegro und Serbien wurden unabhängig, Bosnien und Herzegowina dem Reich der Habsburger eingegliedert, und Bulgarien wurde autonom. Frankreich besetzte Tunesien, die Briten Ägypten. 1913 hatten die Türken bis auf Ostthrakien alle Besitzungen auf dem europäischen Festland verloren.

Im Ersten Weltkrieg standen die Osmanen an der Seite Deutschlands. Nach dessen Niederlage sollte das Osmanische Reich auf die Alliierten Italien, Frankreich, Griechenland, Großbritannien und Armenien aufgeteilt werden. Dagegen wurde unter der Leitung von Mustafa Kemal ein Unabhängigkeitskrieg geführt, der am 29. Oktober 1923 zur Gründung der Türkischen Republik führte. Danach begann für viele Jahre das, was die einen „Reformen", die anderen „Kulturkampf" nannten: eine radikale Umgestaltung der gesellschaftlichen Rahmenbedingungen.

In der Neuzeit

Der erste Präsident der Republik, Mustafa Kemal, schaffte zunächst das Kalifat ab. Sein Ziel war es, die Türkei zu einem europäischen Staat umzugestalten. Dafür wurde die arabische Schrift durch die lateinische ersetzt, die christliche Zeitrechnung eingeführt und eine Rechtsprechung europäischen Zuschnitts (mit Vorlagen aus der Schweiz und Italien) übernommen. Kemal drängte den Einfluss der Religion zurück, löste die Orden und Koranschulen auf und verbot den Frauen, verschleiert öffentliche Gebäude (wie etwa Schulen) zu betreten. Frauen wurden rechtlich den Männern gleichgestellt und er-

Der Badeort Alanya liegt 135 Kilometer östlich von Antalya. Hier blickt man vom Burgberg mit seinen Bauten aus seldschukischer Zeit auf den Roten Turm (Kizil Kule) am Hafen. Er beherbergt ein ethnografisches Museum.

hielten 1930 das Wahlrecht. Diese Saat ging auf: Heute ist die Hälfte der türkischen Hochschulabsolventen weiblich.
1952 trat die Türkei der NATO bei. Aber alle weiteren Bestrebungen, sich politisch dem Westen anzubinden, gerieten ins Stocken. Die Invasion auf Zypern 1974, der Militärputsch 1980 und die Unterdrückung der kurdischen Minderheit ließen im Laufe der Jahrzehnte die Distanz des politischen Europa zur Türkei kaum schrumpfen. Nun aber ist der gesellschaftliche Konsens, zur EU gehören zu wollen, so stark, dass selbst religiös orientierte Regierungsparteien das Land durch Reformen auf einen Beitritt vorbereiten. Die gesamtwirtschaftliche Situation hat sich in den letzten Jahren stabilisiert und sogar gebessert, obwohl das Bruttoinlandsprodukt noch wesentlich unter dem europäischen Durchschnitt liegt. Arbeitslosigkeit zwingt gerade junge Menschen zur Flucht in die Städte oder gleich ins Ausland. In den Industriezentren Istanbul, Ankara, İzmir, Mersin, Antalya und Adana wächst die Produktion von Automobilen, Elektronik und Haushaltstechnik. Die Infrastruktur für den Fremdenverkehr wird ständig ausgebaut. Die Türkei verfügt über wertvolle Bodenschätze wie Eisenerz, Zink, auch existieren Kohle- und Erdölvorkommen, doch diese decken kaum den Eigenbedarf. Nur Chrom und Kupfer können exportiert werden. Für den Außenhandel bestimmt sind Textilien, Baumwolle, Teppiche, Tabak, Tee, Getreide, Obst und Gemüse, Haselnüsse (Weltmarktführer), Lammfleisch, Wolle und Wein.

Türkische Küche

Die türkische Küche bemüht sich weitgehend, den Eigengeschmack der Zutaten zu bewahren. So würzt man im Allgemeinen nur mild mit Minze, Petersilie, Kreuzkümmel oder Koriander, verarbeitet mehr Salat und Gemüse als Fleisch, und überzeugt durch einen großen Variantenreichtum in der Zubereitung. Schon die Vorspeisen regen den Appetit an: Die Cremes aus Auberginen, Kichererbsen und Sesam sollte man auf jeden Fall probieren, dazu ein Püree aus Tomaten, Petersilie und Pfefferschoten, eine Paste aus Hühnerfleisch mit Nüssen, und Teigröllchen mit Schafskäsefüllung (die ihrer Form wegen „Sigara Döregi" heißen, gefüllte Zigaretten). Zu Krabben, Muscheln und Tintenfischringen passt die mit Dill und Knoblauch verfeinerte Joghurtsoße.

An der lykischen Küste finden sich zahlreiche schöne Buchten, die zum Baden und Tauchen einladen. Diese hier liegt an der Küstenstraße südlich von Finike.

Ein Land am Meer serviert gern Fisch: Goldbrasse, Steinbutt, Seeteufel und Seebarsch, Schwert- und Thunfisch, Hummer, Krevetten, Oktopus – was aus der See zu holen ist, wird an der Küste fangfrisch gegrillt auf den Teller gebracht. Das Fleisch stammt von Hammel oder Rind; Schwein zu verzehren ist Muslimen aus religiösen Gründen nicht gestattet. Geschmort, am Spieß, zu (scharf gewürzten) Hackfleischbällchen verarbeitet oder, wie man es auch in unseren Breiten als „Kebap" kennt, in mundgerechten Happen mit Brot und Soße: Auf die Fleischzubereitung verstehen sich die türkischen Köchinnen und Köche. Manche Spezialität muss man mögen, Kokoreç etwa, auf einen Spieß aufgespulten und gegrillten Lammdarm. Beilagen bilden Reis mit Korinthen, Pinienkernen und Gewürzen, oder „Bulgur Pilavi", eine Weizengrütze, aber auch Kartoffeln, und natürlich das Fladenbrot. Außerdem fehlen auch Salate nicht, wie etwa einer aus geraspelten Zucchini. Wer sich über das Übliche hinauswagt, sollte gebratene Leberstückchen mit Zwiebeln kosten, oder türkische Ravioli, zu denen man kalte Joghurtcreme reicht.

Zum Dessert kommt frisches Obst auf den Tisch: Honig- oder Wassermelone, Weintrauben, Orangen und süße Zwergbananen. Auch die Puddings sind eine Delikatesse, beispielsweise in den Variationen Schokolade, Kokos oder Milchreis.

Getrunken wird Wasser, im Sommer frisch gepresster Orangensaft oder „ayran", ein flüssiger Joghurt. Trotz des islamischen Alkoholverbots nehmen auch die Türken gern ein Glas Wein zu sich. Kultiviert werden sehr respektable Weiß- und Rotweine. Und sogar das im Land gebraute Bier enttäuscht keineswegs. Den Abschluss einer feinen Mahlzeit bildet ein Rakı, der Bruder des griechischen Ouzo: Anisschnaps, der mit Wasser verdünnt, eine weiße Farbe annimmt und so zur „Löwenmilch" wird.

Schwarz wie die Nacht

Der starke Schluck für zwischendurch war früher einmal der türkische Mokka: Schwarz wie die Nacht, heiß wie Sonne und süß wie die Liebe. Traditionell wird dafür Kaffeemehl mit Wasser und Zucker in einem Messingkessel über offenem Feuer zum Kochen gebracht. Man lässt die Flüssigkeit mehrmals aufwallen und verfeinert sie vor dem Servieren mit einem Körnchen Salz. Der Kaffeesatz bleibt in der Tasse – ihn kann man allerdings noch, auf die

Untertasse gestürzt, als Orakel verwenden, wenn man es versteht, die Zeichen zu deuten ... Doch das Mokkaschlürfen ist im Lauf der letzten Jahrzehnte zu einer seltenen Zeremonie geworden. Weil die Einfuhr von Kaffeebohnen zu teuer war – die Devisen fehlten – verlegten sich die Türken aufs Teetrinken (und konsumieren mittlerweile statistisch betrachtet mehr als die Engländer). Tee wächst im eigenen Land, in der Gegend um Rize an der Schwarzmeerküste. „Çay“, wie Tee auf türkisch heißt, gibt es zu jeder Gelegenheit, ob zur Begrüßung eines Gastes, bei Abschluss eines Handels, oder einfach zwischendurch: in kleinen Gläsern und, ähnlich dem Mokka, süß, heiß und goldbraun. In der muslimischen Kultur, die Alkohol meidet, muss der Tee intensiv sein. Einen starken Aufguss kann man aber mit Wasser aus dem Samowar verdünnen. Die „Teehäuser“ sind Dorfstuben oder Versammlungslokale für die männliche Bevölkerung. Dort wird diskutiert, gespielt und auch die Wasserpfeife geraucht.

Fährt der deutsche Besucher mit seinem modernen Mietwagen durch die Zentren der Küstenregionen, wähnt er sich möglicherweise in Spanien oder Italien. Die glatt geteerten Straßen führen an Hotels und Restaurants vorbei, die hohen Ansprüchen genügen. Aber nur eine halbe Stunde entfernt von diesem Vergnügungsbiotop beginnt eine andere Welt. Die Strecke über das Taurusgebirge wird holprig, jenseits der Hauptstraßen befährt man schon mal Schotterwege, die als kleine Überraschung bemerkenswerte Schlaglöcher parat halten. Auf den Luxus von Leitplanken kann verzichtet werden, auch wenn es neben der Fahrbahn etliche Meter bergab gehen sollte. Der türkische Autofahrer neigt zwar zur Vermehrung der Fahrspuren – warum sollte wertvoller Platz verschenkt werden? –, und er hupt auch gern. Seine Lenkweise könnte man als hektisch, oder aber „elastisch“ bezeichnen. Mit Aufmerksamkeit, Reaktionsschnelligkeit, Gelassenheit und Glück kommt man durch den Verkehr.

Überraschungen am Wegesrand

Die Fahrt geht durch ärmliche Dörfer, in denen die Kinder auf der Straße spielen und lächelnd dem Vorbeifahrenden zuwinken. Im ganzen Staat tragen die Kleinen vormittags blaue Schuluniformen mit weißem Kragen. Durch belebte Kleinstädte, in denen der Bau von Mehrfamilienhäusern boomt, führt der Weg; hier hocken die alten Männer am Rande des Markttreibens auf Plastikstühlen aufgereiht, und beobachten still, wer da kommt und geht. Die Pension in dem für den Fremdenverkehr uninteressanten Dorf am Meer bewirtet ihren Gast wie einen König. In Eile wird das Bett im Zim-

Am Hafen in Kuşadası. Die Stadt, deren Name „Vogelinsel" bedeutet, wartet mit zahlreichen Sehenswürdigkeiten auf, von antiken Ausgrabungen bis zum „Aqua Fantasy Park" mit Rutschbahnen, Sport- und Spielstätten.

mer mit Seeblick bereitet und alles aufgetragen, was gerade verfügbar ist: Eine pikante rote Linsensuppe eröffnet das Abendessen; zu mit Peperoni gewürztem Lammfleisch auf Reis wird Spinatsalat gereicht; Obst zum Dessert rundet das vorzügliche Mahl ab. Nicht zu vergessen der trockene Wein, herrlich mundend – was will man mehr?

Weiter geht's, mal auf gewundenen Landsträßchen, mal schnurstracks durch die schier unendliche Weite der Ebene. Man überholt Mofas und Traktoren, die auf dem Seitenstreifen der Schnellstraße dahintuckern, auch mal einen Radfahrer, und regelmäßig Eselskarren. Der Esel dient hier nicht in erster Linie als pittoreskes Fotomotiv (wenngleich er sich erstklassig dafür eignet), sondern ganz pragmatisch als Lastenträger für Brennholz oder Bäuerinnen. Irgendwo stehen sie dann und halten am Straßenrand einfach hoch, was sie zu bieten haben: einen Bund Zwiebeln, Weintrauben oder kleine Bananen. Hoppla, eine scharfe Bremsung wird nötig, denn wer überquert die Fahrbahn gemächlich? Eine ziemlich große Schildkröte…

Der Parkplatzwächter grüßt, als sei man alte Bekannte. Der Wirt der Garküche empfängt einen mit Handschlag. Die Verkäuferin des kleinen Ladens am Straßenrand verabschiedet den fremden Kunden mit einem gebrochenen „Auf Wiedersehen". An der Tankstelle wird eine Einladung zum Tee ausgesprochen. – Die Türkei ist ein gastfreundliches Land. Besonders vor der Kulisse des blauen Mittelmeeres bilden die Küstenregionen im Westen und Süden ein fantastisches Mosaik aus antiken Ruinen und Orangenbäumen, aus Minaretten und blutroten Halbmondfahnen, aus Kultur und Vergnügen, wie man es sonst selten in dieser Schönheit und Intensität findet.

Seite 22/23:
Auch stille Naturparadiese gibt es: hier im Olimpos-Beydağları-Nationalpark an der Küste von Çıralı in der Provinz Antalya.

Seite 24/25:
Abend in Bodrum, dem antiken Halikarnassos. Im Hintergrund das Johanniterkastell St. Peter. Es wurde 1420 von Kreuzrittern errichtet und fiel 1523 den Osmanen kampflos in die Hände. Noch heute ist es fast vollständig erhalten.

DIAMOND
DIAMOND

CATAMARAN
18

Das Hafenstädtchen Bozburun liegt auf der gleichnamigen Halbinsel und ist heute ein Teil der Küstenstadt Marmaris. Bekannt ist es als letzter Bauort der traditionellen Gulets, dickbauchiger hölzerner Boote mit zwei Masten.

An der Westküste der Türkei, der Ägäis, reichen die griechischen Inseln an vielen Stellen ganz nah ans türkische Festland heran. Hierher locken herrliche Strände: In Foça und Ayvalık, Çeşme und Kuşadası zum Beispiel finden Badeurlauber, was sie suchen, vor allem im schönen Bodrum mit seinem Kastell aus dem 15. Jahrhundert. Die eigentlich viel berühmtere Sehenswürdigkeit der dortigen antiken Stadt Halikarnassos ist nur noch ein blasser Abglanz seiner einstigen Herrlichkeit: Vom ersten Mausoleum der Welt, dem Grabmal für den Regionalkönig Maussolos aus dem 4. Jahrhundert v. Chr., ist kaum noch etwas übrig geblieben.
Ähnlich sieht es in dem stolzen Troja (Truva) aus, nur bescheidene Trümmer erwarten den Besucher – und ein nachgebautes Trojanisches Pferd. Mehr Altertum bieten Assos, Pergamon (Bergama), Priene oder Didyma. Unübertroffen aber bleibt Ephesos (Efes), die in der Türkei am besten erhaltene Stadt der Antike; man merkt bis heute, dass hier einmal das Leben einer Metropole pulsierte. Lohnende Abstecher führen landeinwärts nach Sardes (Sart) mit seinen ehemaligen Sport- und Spielstätten oder zum imponierenden Hierapolis. Davor breitet sich eines der fantastischsten Naturdenkmäler der Türkei aus, die Sinterterrassen von Pamukkale. Kalkhaltiges Wasser hat hier im Laufe der Zeit Travertin geschaffen, der an den Berghängen selbst im Hochsommer glänzt, als sei dicker Schnee gefallen. Unbedingt anschauen!
Wirtschaftliches Zentrum der Westküste ist İzmir, das einstige Smyrna. In der drittgrößten Stadt der Türkei leben 3,5 Millionen Menschen. In İzmir geht es laut und geschäftig zu, die Altstadt jedoch hat Charme, einen Basar und gute Museen.

Rechts:
Wo das historische Troja, Homers sagenhaftes Ilion, tatsächlich lag, darüber streiten sich die Archäologen. Auf dem Hügel Hisarlik an den Dardanellen fand man seit Heinrich Schliemann Spuren antiker Siedlungen. Im Bild das Odeion (Amphitheater).

Unten:
Das westlichste Ende des Kontinents Asien liegt hier in Babakale (Vaters Burg). Hier wurde im Jahr 1725 die letzte osmanische Festung in der Türkei erbaut. Mit „Baba" ist Mustafa Pascha gemeint, ein Wesir des Sultans Ahmet III.

Oben:
Auf glasklarem Wasser liegen im Hafen von Behramkale die Schiffe und Boote. In der Antike hieß dieser Ort Assos. Schon damals entstanden Siedlungen auf dem 234 Meter hohen Felsen. Bemerkenswert ist die etwa drei Kilometer lange Stadtmauer, deren Anfänge ins 3. Jahrhundert v. Chr. zurückreichen.

Links:
Fast schon biedermeierlich mutet dieses Idyll am Hafen von Assos an. Von dort aus erblickt man die gegenüberliegende griechische Insel Lesbos.

Unten:
Lesbos gegenüber liegt auch die Küstenstadt Ayvalık. Der Ort und seine Umgebung sind reich an Überresten aus griechischer Zeit. Sie wurden lange Jahre dem Verfall überlassen; inzwischen bemüht man sich um ihre Erhaltung.

Ganz unten:
Restaurant am Ufer von Ayvalık. Die Umgebung ist mit zwei Millionen Bäumen das größte Olivenanbaugebiet der Türkei. Neben zahlreichen Fischern gibt es darum in den verwinkelten Gässchen der Stadt auch etliche Seifensieder, die das Olivenöl zu Seife verarbeiten.

Rechts:
Oberhalb von Ayvalık befindet sich der Aussichtspunkt Şeytan Sofrası, der „Teufelstisch“. Von hier aus genießt man einen schönen Blick auf die Bucht von Ayvalık mit ihren zahlreichen Inseln.

Oben:
Die Kreisstadt Bergama an der Westküste Kleinasiens in der Provinz İzmir ging aus dem antiken Pergamon hervor. Dessen Ausgrabungen werden vom Deutschen Archäologischen Institut erforscht. Hier das Theater aus dem frühen 5. Jahrhundert v. Chr., das 10 000 Zuschauern Platz bot.

Rechts:
Männer und Katzen machen Mittagspause im Schatten alter Bäume in Bergama. Viele Einwohner sprechen Deutsch aus ihrer Zeit als Arbeitnehmer in Deutschland. Schon seit 1967 besteht eine Städtepartnerschaft mit der süddeutschen Kreisstadt Böblingen.

Links:
Die Akropolis von Pergamon steht auf einem etwa 335 Meter hohen Tafelberg. Hier das Trajaneum, das dem römischen Kaiser Trajan gewidmet ist. Das berühmteste Bauwerk ist der Pergamon-Altar, der sich heute im gleichnamigen Museum in Berlin befindet. Am ursprünglichen Standort ist nur mehr das Fundament zu sehen.

Unten:
Die Kleinstadt Foça liegt auf der Halbinsel zwischen dem Golf von Elaia und dem von Smyrna. Hier befand sich die antike Stadt Phokaia, die zwischen 1264 und 1455 unter dem Namen Foggia eine Kolonie der Seerepublik Genua war.

Unten:
Heute unterscheidet man zwischen Eski Foça (Alt-Foça) und dem rund zwanzig Kilometer entfernten Ferienort Yenifoça (Neu-Foça). Blaue Stunde am Fischerhafen von Eski Foça an der Bucht Küçük Deniz (Kleines Meer).

Ganz unten:
Am malerischen Fischerhafen von Foça an der Bucht Küçük Deniz reiht sich ein Fischrestaurant ans andere. Viele Städter aus İzmir verbringen hier das Wochenende.

Rechts:
Im Hafen von Foça. Mehrere ineinander übergehende Buchten bilden hier natürliche Hafenbecken. Seit Februar 2011 gibt es eine S-Bahn, die Foça mit dem Flughafen İzmir verbindet.

HOTEL
ATHENA HOTEL
MERHABA FOÇA

Oben:
Manisa, etwa vierzig Kilometer nordöstlich von İzmir gelegen, ist ein Zentrum des Rosinenhandels. Sehenswert sind die Reste der byzantinischen Stadtmauer und das archäologisch-ethnologische Museum. In der Bildmitte erkennt man die 1374 errichtete Große Moschee (Ulu Camii).

Rechts:
Innenansicht der Muradiye-Moschee in Manisa, mit dem Mihrab (Gebetsnische, die die Richtung nach Mekka anzeigt) und dem Minbar (Kanzel). Das Gotteshaus wurde von Schülern des berühmten Baumeisters Sinan errichtet.

Links:
Im Hermostal, zehn Kilometer westlich von Salihli, liegt Sardes (heute: Sart), die Hauptstadt des antiken Königreichs Lydien. Bei Ausgrabungen wurden der Tempel der Artemis (im Bild) sowie mehr als eintausend lydische Gräber freigelegt.

Unten:
Von dem römischen Bad und Gymnasion von Sardes, nördlich der heutigen Hauptstraße gelegen, wurden Teile der Eingangshalle rekonstruiert, sodass sich die einstige Größe und Pracht dieser Sportanlage erahnen lässt. Der Begriff Gymnasion ist von dem griechischen Wort „gymnós“ abgeleitet, das „nackt“ bedeutet.

Links:
Blick von der Burg Kadifekale, „Samtschloss“, auf das Häusermeer der Hafenstadt İzmir, die drittgrößte Stadt der Türkei und ihr zweitgrößter Hafen. Sie besitzt auch einen internationalen Flughafen und vier Universitäten.

Unten:
Der Asansör im Stadtteil Karataş von İzmir hat seinen Namen von dem französischen Wort für Aufzug: „ascenseur“. Im Jahr 1907 ließ ihn der Bankier und Kaufmann Nesim Levi Bayraklıoğlu erbauen, um eine rasche Verbindung zwischen Unter- und Oberstadt zu schaffen. Der Asansör wurde kürzlich restauriert und ist seither ein Wahrzeichen von İzmir. Zuoberst befindet sich ein Restaurant.

Oben:
Ebenfalls ein Wahrzeichen der Stadt ist der Saat Kulesi (Uhrturm) auf dem Konak-Platz. Die Uhr war ein Geschenk des deutschen Kaisers Wilhelm II. Im Hintergrund die kleine, sechseckige Konak-Moschee oder Yali-Moschee, erbaut zwischen 1755 und 1774.

Oben:
Der Blumenmarkt im historischen Basarviertel Kemeralti der Metropole İzmir. Der Basar beginnt an der Küstenstraße und erstreckt sich zwischen den Stadtteilen Çankaya und Konak.

Rechts:
Im Stadtteil Alsancak, wo sich auch das gleichnamige Fußballstadion befindet, laden verwinkelte Sträßchen und Gassen mit zahlreichen Bars und Lokalen zum Nachtbummel ein.

Oben:
In der Karawanserei Kızlar Ağası. Sie stammt aus dem Ende des 18. Jahrhunderts und ist nach dem obersten schwarzen Palasteunuchen benannt, dem „Agha der Mädchen“, einem der Spitzenbeamten des Osmanischen Reichs.

Links:
Das Basarviertel Kemeralti zwischen Buden und Boutiquen ist den ganzen Tag belebt. Es liegt im Stadtbezirk Konak, der mit seinen 113 Ortsteilen das Zentrum der Metropole İzmir bildet.

Oben:
Der exklusive Ferienort Çeşme mit seinen Thermalquellen wird von Einheimischen aus İzmir und Istanbul bevorzugt. Das mächtige Kastell wurde im 14./15. Jahrhundert von den Genuesern angelegt und von den Osmanen erweitert. Es beherbergt eine Moschee und ein kleines archäologisches Museum.

Rechts:
Alaçati auf der Çeşme-Halbinsel ist ein vor allem bei Surfern beliebtes Reiseziel. Auch hier kann man wunderbar bummeln, verweilen, dem Müßiggang frönen.

Links:
Auf dem Basar von Kuşadası. Einst war die Stadt eine Niederlassung der Seerepubliken Venedig und Genua. In unseren Tagen bietet sie Kreuzfahrern von heute gastliche Aufnahme.

Unten:
Abendlicht in Çeşme. Hier ging es schon mal weniger friedlich zu: Der Maler Jakob Philipp Hackert (1737–1807) sollte im Auftrag von Zarin Katharina II. die Seeschlacht von Çeşme malen, bei der 1770 die osmanische Flotte der russischen unterlag. Da er noch keine Seeschlacht erlebt hatte, wurde für ihn eine alte Fregatte in die Luft gesprengt.

Stadt der Artemis – Ephesos

Efes“ (das türkische Wort für Ephesos) kennt in diesem Land jeder, denn das beliebteste Bier der Türkei – überall beworben – ist nach der antiken Stadt benannt. Äußerst populär war sie bereits im Altertum. „Jeder hier weiß doch, dass unsere Stadt die Hüterin des Tempels der großen Artemis ist und ihres vom Himmel gefallenen Bildes“, beruhigte ein Beamter die aufgebrachte Volksmenge, als es im Zuge der christlichen Missionierung des Apostels Paulus zu einem Aufruhr gekommen war. Anschaulich erzählt das 19. Kapitel der Apostelgeschichte im Neuen Testament vom Silberschmied Demetrius, der mit Nachbildungen des Tempels gutes Geld verdiente, und sein Geschäft durch den neuen Glauben gefährdet sah.

Eines der Sieben Weltwunder

Die jungfräuliche Gottheit Artemis, die Römer nannten sie Diana, Tochter des Göttervaters Zeus und Zwillingsschwester des Apollo, vereinte verschiedene Aspekte: Auf der einen Seite Göttin der Jagd, des Mondes, des Todes – auf der anderen aber Ernährerin aller Geschöpfe. Ihr Abbild mit zahlreichen prallen Brüsten zeigt sie als Herrin der Fruchtbarkeit und des Wachstums. Das Heiligtum Artemision zählte zu den Sieben Weltwundern: 105 mal 55 Meter der Grundriss, 15 Meter hohe Säulen! Eine architektonische Meisterleistung, die im Jahr 262 n. Chr. von den Goten zerstört wurde; ein paar Reste verbaute man in der Hagia Sophia in Konstantinopel.

Als aber Paulus um das Jahr 50 in Ephesos wirkte, strebte die Stadt dem Höhepunkt ihres Glanzes noch zu. Die Römer hatten sie als viertgrößte Stadt des Reiches, nach Rom, Alexandria und Antiochia, zur Hauptstadt der Provinz (Klein-)Asien erhoben. Und so prunkte sie mit breiten Straßen und Plätzen, Toren und Tempeln, Theatern (25 000 Sitzplätze) und Thermen, Sportstadien und luxuriösen Wohnhäusern; einige Mosaiken und Fresken sind noch zu bestaunen. Eine echte Metropole mit mehr als 200 000 Einwohnern! Wenn die Ruinenstadt heutzutage in der Hochsaison vor Besuchern aus aller Welt überzuquellen scheint, dann erinnert das an die einstige Lebendigkeit dieses Ortes.

Bewegte Geschichte

Ephesos gilt zu Recht als am besten erhaltene historische Stätte der Türkei, und man darf sagen, dass sie dadurch mehr beeindruckt als das Forum Romanum. Zu verdanken ist das dem archäologischen Interesse des 19. Jahrhunderts. Damals begann man mit der Erforschung und Ausgrabung der Stadt und erkundete ihre bewegte Geschichte. Erste menschliche Siedlungen können auf das Jahr 5000 vor der Zeitenwende datiert werden. Als im 11. Jahrhundert v. Chr. Griechen die Stadt gründeten, lag sie noch am Meer. Im Laufe der Zeit verschob sich die Küstenlinie durch die Verlandung des Flusses Kaystros (türkisch Küçük Menderes) allerdings nach Westen, so dass das heutige Efes mehrere Kilometer von der See entfernt ist. In drei großen Stufen entwickelte sich die Stadt, was sehr verständlich im Ephesos-Museum im nahe gelegenen Selçuk erklärt wird. Aus allen Veränderungen erkannte der Philosoph Heraklit von Ephesos (um 520–460 v. Chr.) ein allgemeines Prinzip: „panta rhei“ (alles fließt).

Ab dem 7. Jahrhundert verblasste der Ruhm der Stadt. Für die Christen hatte sie aber immer eine hervorragende Bedeutung: Als Wirkungsfeld des Paulus und als Adressat eines seiner Briefe, aus denen bis in die Gegenwart im Gottesdienst vorgelesen wird. Als Grabstätte des heiligen Johannes (welcher, ist unklar) und als Austragungsort eines allgemeinen Konzils, bei dem die Bischöfe im Jahre 431 zur Glaubenslehre erhoben, Maria sei als „Mutter Gottes“ zu verehren. Die ziemlich in Trümmern liegende Marienkirche erinnert daran.

Der Legende nach hatte das Orakel von Delphi dem Androklos verkündet, wo er Ephesos gründen solle: Ein Fisch werde ihm zeigen, wo er dem Wildschwein zu folgen habe. Mit diesem seltsamen Spruch im Ohr erkundete er das Tal des Kaystros, als er Männer sah, die am Fluss Fische brieten. Im Moment des Vorübergehens sprang ein Funke des Feuers auf das trockene Buschland über, setzte es in Brand und schreckte ein dort ruhendes Wildschwein auf. Androklos hatte den richtigen Ort gefunden. – Und wer sich heute auf den Weg nach Ephesos macht, wird dort bei einer Besichtigung jahrtausendealte Geschichte auf sich wirken lassen und den Weg nicht bereuen.

Links:
Eine Katze schlummert auf den Sitzen dieser antiken öffentlichen Bedürfnisanstalt in Ephesos.

Oben:
Auch die Ruine verschafft noch einen Eindruck von der Größe der Celsus-Bibliothek in Ephesos.

Kleine Bilder rechts, von oben nach unten: *In den vier Nischen des Untergeschosses sind allegorische Figuren aufgestellt, welche die „Tugenden des Celsus" verkörpern; hier Arete, die „Vortrefflichkeit".*

Das Große Theater von Ephesos hat einen Durchmesser von circa 150 Metern und bot etwa 20 000 Zuschauern Platz. Die ältesten Teile stammen aus der Zeit um 200 v. Chr.

Am Ayasoluk-Hügel, der rund dreieinhalb Kilometer von Ephesos entfernt ist, entstand ab dem 6. Jahrhundert einer der größten Sakralbauten des byzantinischen Reichs, diese dem Apostel Johannes geweihte Basilika. Sie ist 130 Meter lang und 40 Meter breit.

Am Südhang des Bülbüldağ, des größeren der beiden Stadtberge von Ephesos, liegen zwei antike Wohnkomplexe. Eine der Wohneinheiten in Hanghaus 2 ist reich mit solchen Bodenmosaiken geschmückt.

Unten:
Abendstimmung in Pamukkale. Der Name dieser Kleinstadt, „Watteburg“, spielt auf die Kalksinterterrassen an, die in Jahrtausenden durch die kalkhaltigen Thermalquellen entstanden sind. Die Terrassen von Pamukkale zählen seit 1988 zum UNESCO-Welterbe.

Rechts:
In den 1960er-Jahren wurden oberhalb der Sinterterrassen Hotels errichtet, an denen sich erwies, dass Tourismus manchmal das zerstört, was er sucht. Seit den 1990er-Jahren wird an der Rettung und Renaturierung der Terrassen gearbeitet.

Oben:
Bei Pamukkale liegt auch der antike Ort Hierapolis, „Heilige Stadt“, mit seiner großen Nekropole. Im Bild ein Grabmal auf einer Sinterterrasse.

Oben:
Rund achtzig Kilometer südlich von İzmir liegt die sagenumwobene antike Stadt Milet. Sie gilt als Geburtsstätte der Philosophie im antiken Griechenland. Das römische Theater von Milet bot Platz für etwa 20 000 Zuschauer. Die Restaurierungsarbeiten stehen unter der Leitung der Ruhr-Universität Bochum.

Rechts:
Die antike Stadt Aphrodisias beim heutigen Ort Geyre hat ihren Namen von dem hier zelebrierten Aphrodite-Kult. Im Bild der Tetrapylon, ein symbolischer Torbau aus vier Gruppen von jeweils vier Säulen.

Oben:
In Didyma, dem heutigen Didim, befand sich in hellenistischer Zeit ein Heiligtum des Apollon. Drei Säulen von zwanzig Metern Höhe lassen dessen Dimensionen heute noch erahnen. Die Tempelanlage, das Didymaion, zählt zu den am besten erhaltenen Großbauten der Antike. Schon im 7. Jahrhundert v. Chr. reichte ihr Ruhm von Persien bis Ägypten.

Links:
Nördlich von Milet liegt auf der gebirgigen Halbinsel Mykale die antike Stadt Priene. Die Ruinen des Athena-Tempels machten Priene ab dem 18. Jahrhundert zu einem beliebten Ziel der Altertumsforscher. 1868/69 wurde der Tempel weitgehend freigelegt.

Links:
Im Dilek-Nationalpark, umgeben von den Olivenhainen der Mykale-Berge, liegt das Dorf und Freilichtmuseum Eski Doğanbey (Alt-Doğanbey). Es steht heute unter Denkmalschutz. Einige der alten Steinhäuser wurden restauriert und bieten Feriengästen ein stilvolles Quartier.

Unten:
Das Beşparmak-Dağları-Gebirge (Fünf-Finger-Berge) nordöstlich des Bafa-Sees im Tal des Flusses Büyük Menderes (Großer Mäander) hieß in der Antike Latmos-Gebirge. Hier wurden Felsmalereien aus der Kupferzeit entdeckt.

Oben:
Dieser Hund scheint die Aussicht vom Latmos-Gebirge auf den Bafa-See mit der Insel İkizce zu genießen. In der Antike war der See noch ein Meeresarm und noch immer ist sein Wasser leicht salzig.

Oben:
Panorama der Kumbahçe-Bucht bei Bodrum. In der Antike hieß diese Hafenstadt Halikarnassos. Der persische Statthalter (Satrap) Maussolos machte sie um 367 v. Chr. zur neuen Hauptstadt der Region Karie. Er ließ sich hier ein prächtiges Grabmal errichten, das „Maussoleion". Es galt als eines der Sieben Weltwunder der Antike.

Rechts:
Das ehemalige Fischerstädtchen Bitez an der Südküste der Bodrum-Halbinsel ist zweigeteilt. Der Hauptort liegt im Landesinneren; der am Strand gelegene Ortsteil ist ein beliebtes Ferienziel. Hier gedeihen Oliven, Zitrusfrüchte und Tabak.

Links:
Blick auf den Jachthafen von Torba. Die Ortschaft liegt etwa sechs Kilometer nördlich von Bodrum inmitten von Oliven- und Pinienhainen. Noch ist es hier relativ still, so dass Meeresschildkröten und die rare Mittelmeer-Mönchsrobbe hier leben können.

Oben:
Das Johanniterkastell St. Peter in Bodrum wurde 1420 von Kreuzrittern errichtet und fiel 1523 den Osmanen kampflos in die Hände, als die Johanniter Rhodos aufgaben. Steine des Maussoleions sind hier verbaut. Im Kastell befindet sich ein sehenswertes Unterwassermuseum.

Rechts:
Wer aufmerksam durch Bodrum spaziert, findet hier manches besondere Fotomotiv, wie dieses farbenfrohe Freiluftmobiliar in einer Altstadtgasse.

Links:
Auch dieser Gewürzladen in Bodrum mit seinen leuchtenden Farben und vielfältigen Aromen lässt keinen Wunsch offen.

Unten:
Über dieser Einkaufsstraße in Bodrum spendet ein grünes Laubdach Schatten.

Helva und Lokum – türkische Souvenirs

In den Touristenzentren können sie lästig werden, aber eigentlich sind sie harmlos: die Schlepper. Wer sich irgendwann, irgendwo fragend oder gar hilflos umsieht, dem bieten sie ihre Dienste an: Das beste Gasthaus würden sie kennen, ein gutes Hotel vermitteln, überhaupt jeden Wunsch ermöglichen. Diese Leute verdienen ein paar Prozent an den erwirtschafteten Umsätzen. Am liebsten führen sie die Touristen zu Souvenirläden. Dort gibt es Gold- und Silberschmuck, Kupfer- und Messingwaren; beliebte Mitbringsel sind Steinschneidereien wie Schachfiguren aus Alabaster oder Onyx. Echt türkisch: die Meerschaum-Pfeifenköpfe. Nicht zu vergessen: Keramik! Teller, Vasen, Schalen mit anmutigen Blumen- und Vogelmotiven oder arabischer Kalligrafie. Lederwaren wie Gürtel, Jacken, Schuhe, Taschen, Geldbörsen sind kein spezifisch türkisches Erzeugnis, doch hier sind sie relativ preiswert.

Bekannt ist die Türkei für günstige Bekleidung „made in Turkey“. Zieren die Artikel Aufnäher internationaler Marken, während der Preis gravierend unter dem in Deutschland liegt, handelt es sich wahrscheinlich um Fälschungen. Wenn Urlauber solche Dinge mit nach Hause bringen, schreitet der deutsche Zoll nicht ein, sofern die Kleidung für den privaten Gebrauch bestimmt ist und innerhalb der Reisefreigrenzen liegt. Originale Markenware ist in der Türkei tatsächlich preiswerter als Zuhause, außerdem gibt es Garderobe von wirklich guter Qualität, die in der Türkei produziert wird. Bei auffällig billigen Klamotten (wenn beispielsweise ein T-Shirt umgerechnet zwei Euro kostet) darf man aber nicht überrascht sein, wenn sich die Nähte nach dem ersten Waschen auflösen. Allerdings weichen die Größenangaben oft von den deutschen ab.

Auch süße Spezialitäten eignen sich als Mitbringsel. Wie ihre griechischen Nachbarn kennen die Türken „Helva“, eine feste Sesammasse, die in Scheiben geschnitten wird. Typisch türkisch ist „Lokum“, der türkische Honig. Dieses aromatisierte Gelee wird oft mit dem englischen Begriff „turkish delight“ bezeichnet, was etwa mit „türkisches Entzücken“ übersetzt werden kann. Sowohl Helva als auch Lokum gibt es in verschiedenen Varianten, etwa verfeinert mit Pistazien oder Nüssen. Gut ankommen werden auch Gewürze, von denen dieses Land zahlreiche zu bieten hat: Sumak (geschrotete Essigbaumfrucht), Pul Biber (geschrotete Chilischoten), Cumin (gemahlener Kreuzkümmel), Safran, Piment, auch Minze, Pfeffer, Lorbeer, Oregano, Rosmarin, Basilikum, Thymian, Ingwer, Knoblauch, Paprikapulver und viele andere Sorten mehr.

Magisches Auge

Überall findet man in der Türkei das „magische Auge“, als Halsschmuck, an Türen oder am Rückspiegel im Auto. Dabei handelt es sich um einen Anhänger aus Glas, bei dem um einen dunkelblauen Kern konzentrische Kreise in den Farben hellblau, weiß und dunkelblau liegen. Das sogenannte Nazar-Amulett stammt ursprünglich aus dem Volksglauben und soll den „bösen Blick“ bannen. Geht ein Auge kaputt, hat es offensichtlich seinen Dienst erfüllt und wird durch ein neues ersetzt. Das magische Auge wird auch den Türkei-Besuchern auf Basaren angeboten, als Schlüsselanhänger, Kettchen, auf Tassen oder als tellergroßer Wandschmuck.

Bei den Highlights der Türkei gibt es Shops, die gehaltvolle Bücher auf Deutsch über die antiken Stätten oder Sehenswürdigkeiten im Sortiment haben, dazu Nachbildungen der Bauwerke oder Götterstatuen, auch CDs mit traditioneller türkischer Musik – oder flottem Türkpop. Von angeblichen Antiquitäten sollte man die Finger lassen; die Echtheit ist meist nicht zu überprüfen und wirklich echte dürften gar nicht ausgeführt werden.

Hochwertig sind die Teppiche. Früher wurden sie von Bauern und Nomaden geknüpft, heute werden sie in Manufakturen hergestellt. Doch rechnet man für einen Quadratmeter Teppich rund 100 Tage Arbeitszeit! Das sollte man bedenken, wenn man sich über die Preise informiert. Wer am Kauf interessiert ist, darf nicht nur handeln, er sollte es sogar: Es bereitet den Händlern Vergnügen. Ein Viertel Nachlass darf am Ende mindestens dabei herauskommen. Notabene: Handeln ohne Kaufabsicht wäre unehrenhaft! Eine Begrüßung und Verabschiedung mit Handschlag im kleinsten Laden versteht sich als Geste der Gastfreundschaft. Sie ist obligatorisch wie das Glas Tee.

Links:
Diese Auslage in Fethiye präsentiert viele Sorten Süßigkeiten, vor allem Lokum, einen dick eingekochten Sirup aus Früchten und Nüssen, der in Stücke geschnitten und in Puderzucker oder Kokosraspel gewälzt wird.

Oben:
Eine Verkaufsstätte der Desen Halıcılık, der Kooperative der Teppichweberinnen in Bergama. Sie vereint 144 Dörfer und 17 000 Frauen.

Kleine Bilder rechts, von oben nach unten: *Bei dieser Kooperative können Frauen sich im Teppichknüpfen ausbilden lassen, um dann mit Heimarbeit ohne ausbeuterischen Zwischenhandel Geld zu verdienen. 99 Prozent des Verkaufserlöses verwalten sie selbst.*

Die Teppiche der Desen Halıcılık genügen höchsten Ansprüchen. Sie bestehen ausschließlich aus Wolle und Seide, und es werden nur natürliche Farbstoffe wie Walnuss- und Zwiebelschalen, Safran und Henna verwendet.

Auch handbemalte Keramikartikel sind ein beliebtes Souvenir. Da ist für jeden Geschmack etwas dabei!

In Tlos im Xanthos-Tal in Lykien schnitzt diese Frau ein Muster in Stein – vielleicht inspiriert durch ein Motiv an einer der Ruinen?

Ganz unten:
Fischrestaurant in Gümüşlük auf der Bodrum-Halbinsel. Das Dorf ist etwa dreiundzwanzig Kilometer von Bodrum entfernt. Hier gab es schon im 4. Jahrhundert v. Chr. eine Siedlung.

Rechts:
Restaurant an der Kumbahçe-Bucht bei Bodrum. Hier gibt es keine unschönen Bettenburgen, denn staatliche Auflagen begrenzen das Bauen in Bodrum auf maximal zwei Geschosse.

Unten:
Abend am Fischerhafen in Bodrum. Der Fisch aus der Ägäis kommt hier fangfrisch auf den Teller.

Seite 60/61:
Der Strand von Akbük am Golf von Gökova östlich von Bodrum. Seit 1988 ist der etwa hundert Kilometer lange Golf ein Naturschutzgebiet. Es gibt hier Delfine, Tintenfische und Hummer.

Oben:
Am Golf von Gökova bei Mazıköy, 52 Kilometer von Bodrum entfernt, liegt die malerische Hurma-Bucht (Dattelbucht). Sie besitzt auch einen schönen Naturhafen für Segelschiffe.

Rechts:
Die lange, schmale Reşadiye- oder Datça-Halbinsel trennt den Golf von Gökova (im Norden) vom Golf von Hisarönü. Ihre Nordküste ist reich an solchen Buchten, die bisher vom Massentourismus weitgehend verschont geblieben sind.

Links:
Im Golf von Gökova bei Marmaris liegt Sedir Adası, die „Zederninsel", die Marcus Antonius einst seiner Geliebten Kleopatra schenkte. Damit sie auf gewohntem Untergrund wandeln konnte, soll der Strand mit ägyptischem Sand aufgeschüttet worden sein. Von diesem Sand eine Probe als Souvenir mitzunehmen, ist streng verboten!

Unten:
Am Golf von Gökova bei Akyaka, dem antiken Idyma. Der etwa fünfhundert Meter lange Strand bleibt durch hochstehendes Grund- und Quellwasser auch im Sommer immer etwas kühler und feuchter als anderswo. Er wird vor allem von Einheimischen bevorzugt.

Oben:
Blick über die Küstenstadt Marmaris. Sie liegt auf der Halbinsel Bozburun und reicht bis ins 6. Jahrhundert v. Chr. zurück. Im Jahr 1958 wurde sie durch ein Erdbeben fast völlig zerstört; das Kastell Marmaris Kalesi blieb jedoch fast unbeschädigt.

Rechts:
Der Jachthafen von Marmaris, die Netsel Marina, ist einer der modernsten und größten Jachthäfen im östlichen Mittelmeer. Er bietet Liegeplätze für etwa 750 Jachten bis zu fünfzig Metern Länge. Der Leuchtturm mutet in diesem Wald aus Masten wie ein Spielzeug an.

Oben:
Acht Kilometer westlich von Marmaris liegt İçmeler, dessen Küste dicht mit Hotels bebaut ist. Der Strand besteht aus Kieseln; die Sonnenliegen und -schirme sind in Reih und Glied angeordnet.

Links:
Die großzügige Uferpromenade von Marmaris erstreckt sich über mehr als zehn Kilometer Länge. Die meisten Bauten hier stammen aus der Zeit nach dem Erdbeben von 1958.

Rechts:
Die Uferpromenade von Marmaris in der Abenddämmerung. Von hier aus kann man zu der griechischen Insel Rhodos hinübersehen, zu der auch Fähren verkehren.

Unten:
Eine malerische Gasse in der Altstadt von Marmaris. Um das mittelalterliche Kastell gruppieren sich die Altstadthäuser, die alle unter Denkmalschutz stehen.

Oben:
Auf der Terrasse eines Restaurants in Marmaris direkt an der Marina. Vom Boot zu Tisch sind es hier nur ein paar Schritte. An der Promenade finden sich auch unzählige Bars.

Links:
In dieser Altstadtgasse in Marmaris breitet eine prächtige Bougainvillea ihre Zweige über ein klimatisiertes Teppichlädchen und ein kleines Lokal aus.

Von Marmaris bis Antakya – die Südküste

Am Strand von Ölüdeniz am Fuße des Berges Babadağ. Ölüdeniz bedeutet „Totes Meer", da das Wasser der Lagune meist besonders ruhig ist. Es ist glasklar und sauber und wurde mit der Blauen Flagge als Zeichen für besondere Wasserqualität ausgezeichnet.

Die türkische Südküste von Marmaris bis Antakya zieht sich über 1200 Kilometer hinweg. Um die Städte Antalya und Adana liegen weite Gebiete mit fruchtbarem Land, die intensiv für den Anbau von Obst und Gemüse genutzt werden. Ansonsten kann sich das Taurusgebirge unmittelbar bis an die Küste hinstrecken, was Fahrten über teilweise abenteuerliche Serpentinen erforderlich macht – aber von der Höhe auch atemberaubende Ausblicke auf das Mittelmeer ermöglicht.
Die beliebtesten Badeorte sind Marmaris, Antalya (eine umtriebige Millionenstadt) und das wesentlich kleinere Alanya (100 000 Einwohner). Wer von Westen in Richtung Osten reist, sollte Station machen beim schönsten Strand der Türkei, der Lagune Ölüdeniz, sich die Schlucht von Saklıkent ansehen und einen Abstecher zum Köprülü-Kanyon machen. Das hübsche Kaş lohnt einen Halt wie auch die Nikolaus-Stadt Myra, heute Demre. Antike Stätten auf der südlichen Küstenstrecke sind zahlreich, zum Beispiel Xanthos, Patara und Phaselis, Perge mit seiner herrlichen Agora, das Theater von Aspendos und der Apollotempel von Side.
Hinter Anamur – hier prunkt eine Kreuzritterburg – endet die touristische Erschließung der südlichen Küstenregion. Wer weiter östlich vordringt, kann von Mersin aus eine rund dreieinhalbstündige Tour ins märchenhafte Kappadokien unternehmen. Folgt man der Küstenlinie, stößt man auf Adana, wo die größte Moschee der Türkei besichtigt werden kann (1998 eröffnet, vier Minarette von 99 Meter Höhe); auch bietet die Stadt die älteste noch im Gebrauch befindliche Brücke – unter Kaiser Hadrian (Regierungszeit 117–138) wurde sie über den Fluss Seyhan gebaut. In Antakya nahe der syrischen Grenze befindet sich die älteste Kirche der Christenheit, eine Grotte, die Petrus selbst geweiht haben soll.

Oben:
Der Köyceğiz-See (Köyceğiz Dölü) bei Dalyan östlich von Marmaris. Direkt am See liegt die gleichnamige, ländlich geprägte Kreisstadt, die aber touristischen Ansprüchen durchaus gerecht wird.

Rechts:
Im sauberen Wasser des Köyceğiz-Sees tummeln sich zahlreiche Fischarten. Auch wagt man gerne den Sprung ins kühle Nass! Mit etwas Glück bekommt man hier auch Kormorane, Reiher und Eisvögel zu sehen.

Oben:
Mitten im Köyceğiz-See gibt es eine kleine Insel, vor der man ankern kann. Lohnend ist auch eine Bootstour nach İztuzu, wo der Dalyan-Kanal den See mit dem Meer verbindet. Am Strand legen Meeresschildkröten ihre Eier ab.

Links:
In Sultaniye nahe Dalyan befindet sich eines der ältesten Thermalbäder der Türkei. Dem Wasser und Schlamm wird eine heilende Wirkung gegen Rheumatismus, Hauterkrankungen und Frauenleiden zugeschrieben, weshalb die dortige Thermalbadeanlage sehr gut besucht ist.

Oben:
Abendstimmung am Fluss Dalyan, der den Köyceğiz-See über das Dalyan-Delta mit dem Mittelmeer verbindet.

Rechts:
Kaunos war eine antike Stadt im Südosten der Landschaft Karien in der Nähe des heutigen Orts Dalyan. In der Antike lag Kaunos am Meer; inzwischen hat sich die Küste verlagert. Diese in den Fels gehauenen karischen Gräber stammen aus dem 4. Jahrhundert v. Chr.

Oben:
Am Schildkrötenstrand bei İztuzu. Er ist ein Laichgebiet der vom Aussterben bedrohten Unechten Karettschildkröte (Caretta caretta). Der Strand wird besonders zur Zeit der Eiablage streng überwacht, um die Tiere zu schützen. Im Hintergrund der Berg Bozburun Tepesi.

Ganz links:
Ein Schutzkäfig über einem Schildkrötengelege. Noch gibt es hier jährlich über achthundert Gelege.

Links:
Eine Unechte Karettschildkröte. Sie kann bis zu 120 Zentimeter lang werden und ein Gewicht von bis zu 110 Kilogramm erreichen.

Links:
Ein Dorf bei Dalyan am Dalyan-Delta. In der Umgebung befinden sich zahlreiche antike Kulturstätten und Naturschönheiten; im Ort Dalyan haben sich überdies britische und deutsche Rentner angesiedelt.

Unten:
Ausblick vom Berg Bozburun Tepesi auf das Dorf Gökbel, das etwa acht Kilometer von Dalyan entfernt in einer bergigen Gegend liegt. Weithin sichtbar ist das schlanke weiße Minarett. Auf dem Bozburun Tepesi gibt es eine Radarstation, die mit dem Auto erreichbar ist.

Oben:
In der Nähe von Gökbel stehen diese vielen Bienenkästen. Auf türkisch heißt Honig „bal“. Auf dem Land gibt es noch Imkerfamilien, die mit der Bienenhaltung ihren Lebensunterhalt bestreiten.

Links:
Vom Berg Bozburun Tepesi hat man diese großartige Aussicht auf den İztuzu-Strand, das Dalyan-Delta und den Sülüngür-See (Sülüngür Gölü) östlich von Kaunos.

Unten:
Zwischen Kizil Burnu im Westen und dem Dalyan-Delta liegt die von grün bewaldeten Hängen umgebene Bucht von Ekinçik, auch Köyceğiz Limani genannt. Gerade richtig für Segler, die einen stillen Ankerplatz suchen.

Ganz unten:
Blick vom Berg Bozburun Tepesi: Der İztuzu-Strand oder Schildkrötenstrand im Morgenlicht. Baden darf man hier trotz der Schildkröten; es ist aber verboten, Löcher zu graben und nachts Licht und Lärm zu machen.

Oben:
Der Golf von Fethiye (Fethiye Körfezi) ist stellenweise bis zu zweihundert Meter tief. In seinem Osten liegt die Stadt Fethiye, im Nordwesten Göcek (im Bild), das heute eines der großen Zentren des nautischen Tourismus an der türkischen Riviera ist. In den zahlreichen Buchten ankern dicht an dicht die Jachten.

Rechts:
Dieser Fischer aus Dalyan präsentiert eine große Blaue Krabbe. Sie zählt zu den Leibspeisen der Meeresschildkröten, aber auch der Mensch schätzt sie als Delikatesse.

Oben:
Abend in Göcek. Zahlreiche Restaurants wetteifern hier am Jachthafen um die Gunst der Gäste.

Links:
Auf dem Fischmarkt in Fethiye. Man kauft sich hier den gewünschten Fisch und setzt sich in eins der umliegenden Restaurants. Der „persönliche“ Fisch wird dort für einen vergleichsweise geringen Betrag zubereitet. Dazu wird Salat und frisches Brot gereicht.

Rechts:
Fischrestaurant am Fischmarkt in Fethiye. Unter Bäumen kann man hier im Freien sitzen und den fangfrischen Fisch genießen.

Unten:
Abend an der Hafenpromenade in Fethiye. Der Hafen von Fethiye ist der größte zwischen Antalya und İzmir.

Oben:
Blick über Fethiye. Rechts im Vordergrund lykische Felsengräber aus dem 4. Jahrhundert v. Chr. Nach lykischer Tradition bestattete man die Toten über, nicht unter der Erde. In ganz Fethiye sind reich verzierte Steinsarkophage zu finden.

Links:
Wochenmarkt in Fethiye. Die lykische Bevölkerung lebt traditionell von der Landwirtschaft und dem Fischfang.

Seite 82/83: *Rund acht Kilometer südlich von Fethiye liegt in einem felsigen Tal die Geisterstadt Karaköy, griechisch: Levissi. Der Ort wurde bis 1922/23 mehrheitlich von Griechen bewohnt. Durch den Vertrag von Lausanne 1923 wurden die Griechen aus der Türkei und die Türken aus Griechenland ausgewiesen. Danach wurden hier türkische Bauern angesiedelt, die sich jedoch lieber in der Ebene unterhalb der Stadt niederließen.*

Links:
Strand und Lagune von Ölüdeniz bei Fethiye. An dieser Stelle trägt das Meer den Namen „Blaue Lagune“, weil das Wasser hier besonders klar ist und in verschiedenen Blautönen leuchtet.

Unten:
Ausflugsboote ankern vor Ölüdeniz. Leider ist der Strand inzwischen von April bis Dezember ziemlich gut besucht, und das Dorf scheint fast nur aus Hotels, Bars und Imbissbuden zu bestehen.

Oben:
Aussicht auf die Küste bei Ölüdeniz und den Lykischen Weg (türkisch: Likya Yolu). Dieser Fernwanderweg verläuft über 509 Kilometer von Fethiye nach Antalya, größtenteils entlang der Küste Lykiens. Er wurde 1999 eröffnet und zählt zu den schönsten Fernwanderwegen der Welt.

Oben:
Die antike Stadt Tlos im Xanthos-Tal. Hier existierte schon in der Bronzezeit eine Siedlung, und in der Antike zählte der Ort zu den sechs größten Städten Lykiens. In byzantinischer Zeit schwand ihre Bedeutung, und im 19. Jahrhundert überbaute man die Ruinen der einstigen Akropolis mit einer Kaserne.

Rechts:
Im Xanthos-Tal liegt auch die antike Stadt Pinara. Sie wurde in byzantinischer Zeit durch ein Erdbeben zerstört. Außerdem dienten die Reste als Steinbruch für die nahe gelegene Ortschaft Minare Köyü. Unter den gut erhaltenen Bauten ist dieses Theater.

Oben:
Die Nekropole von Pinara mit ihren Felsengräbern. Die Stadt wurde im Jahr 1840 durch den britischen Archäologen Charles Fellows wiederentdeckt.

Links:
Zu den Felsengräbern von Pinara gehört auch dieses eindrucksvolle Königsgrab.

Die Saklıkent-Schlucht in der Nähe von Arsaköy. „Saklı kent" bedeutet etwa: „Verborgener Ort". Davon kann heute allerdings keine Rede mehr sein, denn die etwa achtzehn Kilometer lange Schlucht ist längst eine gut besuchte Attraktion.

Am Eingang zur Saklıkent-Schlucht gibt es ein direkt am Fluss gelegenes Gasthaus, wo man sich vor oder nach dem Abenteuer eine Stärkung genehmigen kann.

Rechte Seite:
Zwischen mehrere hundert Meter hoch emporragenden Felswänden hat sich der Fluss Xanthos (oder: Kocaçay) hier seinen Weg ins Tiefland geschaffen.

Unten:
Landschaft an der lykischen Küste bei Antalya. Kristallblaues Meer, feiner weißer Sand und weite Pinien- und Kiefernwälder – was braucht man mehr?

Ganz unten:
Direkt an der Küstenstraße zwischen Kalkan und Kaş liegt der etwa 150 Meter lange Strand von Kaputaş an einer Hügelkette des Taurusgebirges, deren Klippen hier bis ans Meer reichen. Da der Strand steil abfällt, ist er nur für geübte Schwimmer zu empfehlen.

Rechts:
Von der Küstenstraße aus hat man diesen Blick auf die lykische Küste bei Kalkan. Diese Stadt war bis zum Vertrag von Lausanne 1923 überwiegend von Griechen bewohnt. In der Nähe befinden sich beliebte Ausflugsziele, wie Xanthos, Letoon, Patara und die Blaue Grotte.

Baba Noel – Nikolaus von Myra

Fast alle Türken gelten der offiziellen Statistik zufolge als Muslime, dennoch pflegt man im Land auch aus dem Christentum erwachsenes Weihnachtsbrauchtum, etwa das Aufstellen (künstlicher) Tannenbäume mit blinkenden Lichterketten. Zudem stammt der wohl volkstümlichste christliche Heilige aus Kleinasien: Nikolaus von Myra – den auch jeder Türke kennt als „Baba Noel".

Die heutige Stadt Demre, bisweilen auch Kale („Festung") genannt – rund 45 Kilometer östlich von Kaş und 140 Kilometer westlich von Antalya entfernt – liegt in einer fruchtbaren Ebene des Flusses Demre. Ungezählte Gewächshäuser zeugen von der Fruchtbarkeit der Gegend. Hier lebten bereits im 5. Jahrhundert vor der Zeitenwende Menschen. Aus der antiken Zeit Myras sind die Nekropolen zu bestaunen, Totenstädte mit sogenannten Hausgräbern, die in Felswände eingelassen wurden. Manche zieren aufwändige Reliefs. Imponierend auch die Reste des ehemaligen Theaters. Ein Vorgängerbau fiel einem Erdbeben im Jahr 141 n. Chr. zum Opfer, doch es wurde noch prächtiger wiederaufgebaut. Vor allem die ausdrucksstarken Friese mit Theater-Masken sind wunderbare Fotomotive.

Wahre Berühmtheit aber erlangte Myra erst durch seinen heiligen Bischof Nikolaus. Dabei geben heute selbst Theologen offen zu: Es gibt kein historisch gesichertes Wissen über diesen Mann. Erste Aufzeichnungen erschienen erst 200 Jahre nach seinem Tod. Er soll um 270 in der lykischen Stadt Patara geboren worden und um 340 gestorben sein. Neuere Forschungen scheinen zu bestätigen, dass Nikolaus im Jahr 325 am Konzil von Nizäa (Nikaia) teilgenommen hat. Ob er damals allerdings tatsächlich gegen die bereits aufkommende Idee protestierte, die Priester zum Zölibat zu verpflichten, bleibt Spekulation. Auch sein Martyrium unter Kaiser Diokletian ist fraglich.

Dafür existieren umso mehr schöne Legenden über ihn, zumal sich im Laufe der Jahrhunderte seine Lebensgeschichte mit der des Abtes Nikolaus von Sion vermischte. So soll Nikolaus Seeleute aus Seenot und die ganze Stadt Myra vor einer Hungersnot gerettet haben. Der Brauch, an seinem Todestag (6. Dezember) Geschenke zu verteilen, beruht auf einer schönen Geschichte: Demnach hatte ein armer Mann kein Geld, um seinen Töchtern die Mitgift für eine Hochzeit zu finanzieren. Schon spielte er mit dem Gedanken, die Mädchen an ein Freudenhaus zu verkaufen. Nikolaus aber legte des Nachts heimlich drei Säckchen mit Goldmünzen ins Fenster und half auf diese Weise still und heimlich.

Patron der Seeleute, Bäcker und Schüler

Myra wurde im 5. Jahrhundert zur Hauptstadt Lykiens, ein wichtiges Handelszentrum und ein beliebter Pilgerort. Denn der Nikolauskult setzte sich unaufhaltsam fort. Die byzantinischen Kaiser ließen ab dem 6. Jahrhundert über seinem angeblichen Grab eine dreischiffige Basilika errichten. Im Jahr 1087 raubten italienische Kaufleute die Gebeine des Heiligen und nahmen sie nach Bari mit; ihrer Ansicht nach brachten sie die Reliquien nur vor den muslimischen Sarazenen in Sicherheit, die zehn Jahre zuvor die Südküste Kleinasiens besetzt hatten. Von Italien aus trat Nikolaus seinen Siegeszug auch in der westlichen Welt an, wurde zum Patron der Seeleute, Bäcker, Schüler und vieler anderer. Sein Gedenktag, oft mit heidnischem Brauchtum vermischt, immer aber ausgiebig gefeiert, setzte sich in ganz Europa durch. Martin Luther wollte Nikolaus durch das Christkind ersetzt wissen, das die Gaben bringe. Aber: „Auch der Reformation und der Aufklärung gelang es nicht, dem Volk seinen Festtag zu rauben, nicht einmal in den calvinistischen Niederlanden! Tausendmal verfälscht und verwandelt, schimmert die Gestalt des Bischofs aus Kleinasien noch immer durch alle Weihnachtsmänner." (Eleonore Dörner)

Seine Kirche in Myra indes verfiel im Laufe der Zeit. Der russische Zar Nikolaus I. ließ sie in der Mitte des 19. Jahrhunderts wieder aufbauen. Heute bedeckt sie sogar ein Schutzdach. Bodenmosaike und Fragmente von Fresken erinnern an die einstige Schönheit dieses Gotteshauses. Der türkische Staat hat aus ihm ein Museum gemacht; in sehr seltenen Fällen wird die Genehmigung erteilt, darin einen orthodoxen Gottesdienst zu feiern.

Links: *Auch bei Myra, dem heutigen Demre, finden sich die typischen Felsengräber im Stil lykischer Wohnhäuser. Sie sind etwa um 400 v. Chr. entstanden.*

Oben: *Die erste dem heiligen Nikolaus geweihte Basilika wurde im 6. Jahrhundert erbaut. Die heutige dreischiffige Basilika stammt*

im Kern aus dem 8. Jahrhundert. Im Inneren finden sich byzantinische Fresken und wiederverwendete römische Sarkophage.

Rechts oben:
Kuppelfresko im Seitenschiff der St.-Nikolaus-Basilika, türkisch: Noel Baba Kilisesi – was eigentlich etwa „Weihnachtsmannkirche" heißt.

Rechts Mitte:
Fresko im nördlichen Bogen des Narthex der St.-Nikolaus-Basilika in Myra/Demre.

Rechts:
Wandmalerei im südlichen Seitenschiff der St.-Nikolaus-Basilika.

Links:
Kalkan und sein Hafen in der Abenddämmerung. Im Vordergrund ein Gulet, der traditionelle, aus Holz gebaute und motorisierte Segelschiffstyp dieser Küstenregion, der heute vor allem für die Besucher genutzt wird. Die Segel werden nur selten gesetzt.

Unten:
Abend in dem Fischerstädtchen Kalkan, das früher den griechischen Namen Kalamaki trug. Die Moschee erstrahlt in makellosem Weiß. Nach der Vertreibung der Griechen nutzten die Türken zunächst die alte griechisch-orthodoxe Kirche als Moschee.

Ganz unten:
Nacht am Hafen im Fischerdorf Üçağız am Lykischen Weg. Sein Name bedeutet „Drei Münder“, da es an drei Flussmündungen liegt.

Oben:
An der lykischen Küste bei Demre. Der kleine Ort Kaleköy (Burgdorf) wurde auf den Resten der antiken Stadt Simena erbaut. Die Kreuzritterburg oberhalb des Orts wurde vom Johanniterorden, der bis 1522 auf Rhodos herrschte, auf antiken Fundamenten errichtet.

Rechts:
Die kleine Stadt Kaş besitzt keinen Sandstrand. Der Ortskern mit diesen typisch griechischen Häusern steht unter Denkmalschutz. Die Hauptsehenswürdigkeit ist der steinerne Sarkophag am oberen Ende der Einkaufsgasse Uzun Çarşı Caddesi.

Links:
Um Kaleköy sind nur wenige Ruinen aus der Antike erhalten geblieben. Auch die Nekropole mit Sarkophagen im lykischen Stil ist teilweise versunken. Dieser einzelne Sarkophag ragt vor der Küste aus dem Wasser und ist ein beliebtes Fotomotiv.

Rechts:
Wanderer im Nationalpark Olimpos Beydağları bei Çıralı neben der antiken Stadt Olympos. Zu Anfang des 1. Jahrhunderts v. Chr. war Olympos ein bedeutendes Mitglied des Lykischen Städtebundes, doch büßte sie bald darauf ihre Bedeutung ein. Im 15. Jahrhundert wurde sie von den letzten Bewohnern aufgegeben.

Unten:
An der lykischen Küste nördlich von Çıralı im Olimpos-Nationalpark. Da am Strand die Unechte Karettschildkröte ihre Eier ablegt, genießt dieser den höchsten Naturschutzstatus des WWF.

Oben:
Tekirova mit seinem Minarett liegt ebenfalls an der lykischen Küste im Olimpos-Beydağları-Nationalpark. Hinter der Küste erhebt sich das Taurusgebirge mit dem 2366 Meter hohen Berg Tahtalı Dağı, dem höchsten Berg im Nationalpark. Von November bis Juni ist sein Gipfel schneebedeckt.

Links:
Am Strand von Olympos bei Çıralı. Der Ort setzt ganz auf den Ökotourismus; es gibt zahlreiche Pensionen mit Holzbauten.

Seite 100/101:
Der Hafen von Antalya und Kaleiçi liegt zu Füßen der historischen Altstadt, die sich größtenteils auf einem Plateau oberhalb der Steilküste erhebt, rund 35 Meter hoch über der Bucht.

Unten:
Das nördliche Stadttor von Kaleiçi, Kale Kapısı (Burgtor), auch Hadrianstor genannt, wurde zur Erinnerung an den Besuch des römischen Kaisers Hadrian im Jahre 130 erbaut. Dahinter das Minarett der Yivli-Minare-Moschee.

Ganz unten:
In der Altstadt von Antalya. Im Vordergrund das Denkmal für Attalos II. Philadelphos (220–138 v. Chr.), König von Pergamon. Hinten der Uhrturm und die Tekeli-Mehmet-Paşa-Moschee.

Rechts:
Ein berühmtes Wahrzeichen von Antalya ist dieses kannelierte Minarett. Die Moschee hat nach ihm ihren Namen: Yivli-Minare-Moschee, „Moschee des gefurchten Minaretts“. Es ist 38 Meter hoch und besteht aus Ziegelsteinen. Im Hintergrund erhebt sich das Taurusgebirge.

Oben:
Zur Blauen Stunde in der Altstadt von Antalya. Blick in die Gasse Hesapçı Sokak mit dem Kesik Minare, dem sogenannten „abgebrochenen Minarett“. Die Moschee und die Spitze ihres Minaretts wurden im Jahr 1851 bei einem Großbrand zerstört.

Rechts:
Der Innenhof des Alp Paşa-Hotels in der Altstadt von Antalya, der mit antiken Säulen geziert ist. Dort befindet sich ein kleines Schwimmbecken.

Oben:
In der Altstadtgasse Karanlık Sokak (etwa: „Finstere Gasse“) in Antalya. Die stilvollen kleinen Restaurants und Hotels müssen hier nicht lange auf Gäste warten.

Links:
Diese Buden in der Altstadt von Antalya bieten alles feil, was das Touristenherz begehrt. Amüsant anzusehen ist er allemal, der köstliche Kitsch. Im Hintergrund das gefurchte Minarett.

Oben:
Antalya hat auch Naturschönheiten zu bieten, zum Beispiel den Oberen und Unteren Düden-Wasserfall. Dies ist der Untere, Aşağı Düden, etwa acht Kilometer vom Stadtzentrum entfernt. Er fällt vierzig Meter tief ins Mittelmeer.

Rechts:
Vierzig Kilometer nordöstlich vom Stadtzentrum liegt der Kurşunlu-Wasserfall in einer naturbelassenen Landschaft mit uralten Bäumen und zahlreichen Tierarten. Dieses Gebiet ist nur zu Fuß zu erreichen.

Links:
Der Karaalioğlu-Park wurde in den 1940er-Jahren angelegt und ist der älteste Park von Antalya. Er liegt im Süden der Altstadt Kaleiçi und erfreut die Besucher mit Bäumen, Springbrunnen und exotischen Blumen.

Unten:
Der Obere Düden-Wasserfall, Yukan Düden, etwa zehn Kilometer vom Stadtzentrum, liegt in einem kleinen Park nordöstlich von Antalya, dem Düdenbaşı Piknik Alanı. Am Wochenende ist er ein beliebtes Ziel für Familienausflüge und Picknicks.

ZWISCHEN TEE UND TAVLA – TÜRKISCHE TRADITIONEN

Sein Bildnis findet sich auf Geldscheinen und Briefmarken, sein Foto ziert Wechselstuben, Gemüseläden und Autovermietungen: Staatsgründer Mustafa Kemal, seiner Verdienste wegen mit dem Ehrentitel „Atatürk" (Vater der Türken) bezeichnet, blickt als Denkmal, Statue oder Relief von jeder Schule, jedem Postamt und öffentlichen Platz herab. Er symbolisiert den türkischen Nationalstolz. Sein Grab befindet sich in einem tempelähnlichen Mausoleum in Ankara. Der Staatsfeiertag wird mit Militärparaden begangen. Dann flattert überall der weiße Halbmond und Stern auf der roten Fahne.

Obwohl Mustafa Kemal den Einfluss der Religion stark zurückgedrängt hat, ist der Islam nach wie vor die kulturprägende Kraft des Landes. Fünfmal am Tag ruft der Muezzin vom Minarett zum Gebet auf. Laut offizieller Statistik sind 99 Prozent der Türken Muslime; allerdings wird automatisch als Muslim verbucht, wer keine andere Religionszugehörigkeit angibt. Demnach gäbe es in der Türkei keine Atheisten oder einfach unreligiösen Menschen. Das ignoriert aber die Realität. Auch die Türkei befindet sich, wie die westlichen Staaten, in einem Prozess der Säkularisierung. Zwar will die konservative Partei AKP den Einfluss der Religion wieder stärken. So wurde beispielsweise das in staatlichen Einrichtungen geltende Verbot, als Frau ein Kopftuch zu tragen, systematisch aufgeweicht. Doch regt sich im Bürgertum auch Widerstand dagegen, dass allein die Religion über soziale Normen zu bestimmen habe.
In der Türkei sind am Sonntag Schulen, Institutionen, Banken und die meisten Geschäfte geschlossen, obwohl der muslimische Wochenfeiertag der Freitag ist. Dann wird das Nachmittagsgebet in der Moschee etwas ausführlicher als sonst gestaltet. Die Arbeit ruht an den großen Festen. Das Zuckerfest beendet den Ramadan. Während dieses neunten Monats des muslimischen Jahres dürfen die Gläubigen von Sonnenaufgang bis Sonnenuntergang nichts essen und trinken. Da sich der muslimische Kalender nicht nach dem Lauf der Sonne, sondern nach dem Lauf des Mondes richtet, kann der Ramadan in alle Jahreszeiten fallen. Ausnahmen vom Fasten gelten für Kinder, Alte, Schwangere und Menschen mit besonderer Verantwortung, etwa Piloten. Zum Opferfest werden Lämmer geschlachtet, oft mitten auf der Straße. Das Fleisch wird mit jenen geteilt, die nicht so wohlhabend sind.
Mit viel Aufwand begeht man die persönlichen Feste wie die Beschneidung der Knaben im Alter zwischen sieben und 13 Jahren. Dieser Akt macht sie in religiösem Sinne erwachsen. Der schmerzhafte Eingriff wird von Spezialisten ausgeführt; der Junge erfährt durch Besucher, die Geschenke mitbringen, Trost und Linderung. Für Mädchen gibt es keinen vergleichbaren Ritus der Aufnahme in die Welt der Großen. Väter und Brüder achten sehr darauf, dass sie bis zur Eheschließung jungfräulich bleiben. Innerhalb der ehelichen Gemeinschaft erlaubt der Islam im Bereich der Erotik praktisch alles, doch wird jede Übertretung dieses Rahmens geahndet: früher einmal sogar gesetzlich, heute noch gesellschaftlich, und manchmal auch auf eigene Faust, wenn die Ehre befleckt ist und nach Blutrache dürstet. Homosexualität wird abgelehnt, doch ist sie genauso verbreitet wie in anderen westlichen Ländern.

Trennung der Geschlechter

Der Islam neigt zur Trennung der Geschlechter. Männer dominieren noch weithin das öffentliche Leben. Der Vater bestimmt traditionell als Familienoberhaupt, was getan und gelassen wird. Mit seinen Geschlechtsgenossen trifft er sich im Teehaus, um zu rauchen, ein Geschäft abzuschließen oder zu spielen: Die Sagenfigur Palamedes soll das Brettspiel Tavla erfunden haben, um den wartenden Soldaten vor Troja die Zeit zu vertreiben. Tatsache ist, Tavla (Backgammon) kennt man seit Jahrtausenden.
Eine Frau, die etwas auf sich hält, würde ein Teehaus nie betreten; die Damen kommen privat in der Wohnung zusammen. Doch in dieser Absolutheit gilt das nur noch für die ländlichen Gebiete. In den Städten tragen viele Frauen kein Kopftuch. Und obwohl der Islam Alkoholgenuss verbietet, wird überall das türkische Bier „Efes" beworben und angeboten. Die Türkei ist verwurzelt in ihren Traditionen, aber sie ist sich auch unsicher, was sie davon in die Moderne retten kann – ein Prozess, in dem sich auch alle anderen Länder Europas befinden.

Links:
Gleichsam ein „türkischer Mount Rushmore" ist am nördlichen Stadtrand von Antalya zu bewundern, eines der unzähligen Denkmale für den „Vater der Türken" Präsident Mustafa Kemal Atatürk, den Begründer der modernen Türkei.

Oben:
Die Hisar-Moschee im historischen Basarviertel Kemeralti der Metropole İzmir ist die größte Moschee der Stadt. Sie wurde zwischen 1592 und 1598 erbaut. Ihr Name bedeutet „Festung" und erinnert an die Ruine einer Festung hinter der Moschee, die 1872 abgerissen wurde.

Kleine Bilder rechts, von oben nach unten: *Diese Spieler in Bodrum haben sich zu einer Runde „Okey" zusammengefunden, einem sehr beliebten Spiel aus der Rommé-Familie. Es gleicht dem Rummikub, und wird mit nahezu identischen Steinen gespielt.*

Türkischer Mokka, in traditioneller Weise zubereitet, nämlich staubfein gemahlen und in einem langstieligen, innen verzinnten Kupferkännchen gekocht, das auf türkisch „Ibrik" heißt. Dabei liegt ein Brocken Lokum.

Schon in der Antike war dieses heute als „Backgammon" bekannte Brettspiel im gesamten Römischen Reich bekannt. Die türkische Variante heißt „Tavla".

Tee (Çay) auf türkische Art im Glas serviert. Erst ab 1935 gelang der Anbau von Tee in der Türkei; davor wurde er aus China importiert.

Unten:
Ein Badesteg am Strand von Antalya. Er gehört zu einem Hotel mit dem Namen „Kremlin Palace“. Seine Architektur ist inspiriert von der des Kreml.

Ganz unten:
Beim jährlichen Internationalen Sandskulpturen-Festival am Lara-Strand in Antalya kommt man aus dem Staunen nicht heraus. Schade, dass die hier geschaffenen Kunstwerke so vergänglich sind!

Rechts:
Badesteg am Strand von Antalya, im Hintergrund die Hotels Kremlin Palace und Topkapi Palace.

Links:
Im Archäologischen Museum in Antalya. Es ist eines der größten Museen in der Türkei, mit einer Ausstellungsfläche von 7000 Quadratmetern und 5000 ausgestellten Objekten. In diesem Saal sind Statuen zu sehen, die in Perge gefunden wurden.

Unten:
Sechzehn Kilometer nordöstlich von Antalya liegt am nördlichen Stadtrand von Aksu die antike Stadt Perge. In römischer Zeit war sie Hauptstadt der Provinz Lycia et Pamphylia. Bei den Ausgrabungen kooperieren Archäologen der Universität Istanbul mit der Universität Gießen. Im Bild das Nymphaeum an der Kolonnadenstraße.

Oben:
Das Hadrianstor in der Altstadt von Antalya wurde zur Erinnerung an den Besuch des römischen Kaisers Hadrian im Jahre 130 erbaut. Zu beiden Seiten wird es von wuchtigen Türmen flankiert, die zur späteren Stadtbefestigung gehörten.

Der Eingang zum Topkapi-Palace-Hotel in Antalya ist mit orientalischen Ornamenten verziert.

Der Karaalioğlu-Park liegt im Süden der Altstadt von Antalya. Im Bild der vierzehn Meter hohe Hidirlik-Turm (Hıdırlık Kulesi), der aus dem 2. Jahrhundert n. Chr. stammt. Von hier aus hat man einen schönen Blick auf den Hafen und das Meer.

Rechte Seite:
Das Kremlin-Palace-Hotel in Antalya erfreut und amüsiert zumindest die russischen Gäste mit dieser Nachbildung der Moskauer Basilius-Kathedrale.

Links:
Pisidien – so heißt der Landstrich im westlichen Taurusgebirge zwischen der Küstenebene bei Antalya und den Seen um Burdur. Hier lag in der Antike auf etwa 1000 Metern Höhe die Stadt Termessos unterhalb des Berges Solymos, der heute Güllük Dağı heißt. – Blick von Termessos nach Süden auf die weißen Gipfel des Taurusgebirges.

Unten:
Im Güllük-Dağı-Nationalpark beeindrucken die antiken Ruinen von Termessos. Im Bild die obere Stadtmauer.

Ganz unten:
Unzählige Sarkophage finden sich in der außerordentlich weitläufigen Nekropole von Termessos.

Oben:
Das fruchtbare Hinterland der Küste östlich von Antalya: Aussicht von der antiken Stadt Aspendos, die im 2. und 3. Jahrhundert n. Chr. ein bedeutendes Handelszentrum war, ins Tal des Flusses Köprüçay mit dem Dorf Çakış.

Rechts:
Ruine der Basilika in Aspendos. In der Antike war eine Basilika vor allem eine Markt- und Gerichtshalle. Auch im antiken Griechenland errichteten erst die Römer solche Bauten.

Oben:
Das Theater von Aspendos bietet Platz für 20 000 Zuschauer und ist eines der besterhaltenen der Antike. Es wurde für Opernaufführungen und Konzerte genutzt; hier sangen schon Pavarotti und Carreras. Doch laute Beschallung schadet der Bausubstanz, weshalb inzwischen von solchen Veranstaltungen Abstand genommen wurde.

Links:
Die antike Stadt Aspendos wurde durch diesen ebenfalls hervorragend erhaltenen Aquädukt und durch Zisternen mit Wasser versorgt.

Rechts:
Der Köprülü-Kanyon liegt rund neunzig Kilometer nordöstlich von Antalya. Er ist bis zu vierhundert Meter tief. Im Köprülü-Kanyon-Nationalpark sind die Reste der Stadt Selge zu sehen, die zur Zeit der römischen Kaiser ihre größte Blüte erreichte. Aus dem 3. Jahrhundert n. Chr. stammt auch das Theater der Stadt.

Unten:
Der Nationalpark wurde 1973 eingerichtet und erstreckt sich entlang des Flusses Köprüçay. An dessen Mittellauf befindet sich das größte Rafting-Center der Türkei.

Oben:
Wie aufeinandergestapelt sieht es aus, dieses Schichtgestein im Köprülü-Kanyon-Nationalpark. Ausgangspunkt für einen Ausflug in den Canyon ist meist der rund 3500 Jahre alte Ort Side im Landkreis Manavgat.

Links:
Eine Maurische Landschildkröte im Köprülü-Kanyon-Nationalpark. In ihrem natürlichen Lebensraum wird die Art als „gefährdet“ eingestuft.

Unten:
Die Ruinen des römischen Side liegen auf einer flachen Halbinsel mit einem Hafen. Im südlichen Teil der Halbinsel sind die antiken Ruinen größtenteils mit der modernen Stadt Selimiye überbaut. Geblieben sind Reste der Stadtmauer wie dieses Tor.

Ganz unten:
Eine Altstadtgasse in Side mit Lädchen, in denen man Kebab, Textilien oder Krimskrams erstehen kann. Im Hintergrund die Selimiye-Moschee.

Rechts:
Sonnenuntergang am Hafen von Side. Das Fischerdorf Selimiye wurde 1895 von türkischen Flüchtlingen aus Kreta gegründet. 1947 begann man hier mit Ausgrabungen. Seit den 1970er-Jahren boomt auch hier der Tourismus.

RENT A BOAT
1 HOUR - 3 HOURS TOURS
FISHING TOURS
DAILY MANAVGAT RIVER TOURS
(009) 0532 343 91 53
FISHING
0532 343 91 53
ALEV ALEVLI

Rechts:
Abend an der Uferpromenade von Selimiye. Das Bier, das hier ausgeschenkt wird, erhielt seinen Namen nach der Stadt Ephesos, und ist das meistproduzierte Bier in der Türkei, das unter anderem auch nach Deutschland exportiert wird.

Unten:
Blick zum Strand von Selimiye. Im Hintergrund das römische Theater von Side, das für etwa 20 000 Zuschauer Platz bot und einen Durchmesser von 120 Metern hat. Es wurde instand gesetzt und dient heute wieder für Open-Air-Veranstaltungen.

Oben:
Der nördliche Teil der antiken Stadt Side ist zum Teil von einer Düne bedeckt. Am Hafen wurden fünf Säulen des Apollon-Tempels wieder aufgestellt und bilden eine stimmungsvolle Kulisse, vor allem bei Sonnenuntergang.

Links:
An Strand von Selimiye. Das Ufer fällt hier sehr flach ab und ist besonders geeignet für Familien mit Kindern. Westlich von Side lassen sich in der Nähe des Strandes Meeresschildkröten beobachten.

Oben:
Am Manavgat-Fluss, etwa 25 Kilometer landeinwärts von der Küste, liegt die 1983 erbaute Oymapınar-Talsperre. Der Stausee ist im Sommer ein beliebtes Ausflugsziel, das mit Restaurants und Bootstouren lockt.

Rechts:
Der Fluss Manavgat entspringt im westlichen Taurusgebirge und fließt durch die Stauseen Oymapınar und Manavgat. Sein unterer Abschnitt wird von Ausflugsschiffen befahren. Hier zwei der nostalgischen Gulets; im Hintergrund die Minarette der Külliye-Moschee in der Stadt Manavgat.

Links:
Der Fluss Alara ist ein beliebtes Angelgewässer. Im Hintergrund, rund 37 Kilometer westlich der Stadt Alanya, steht auf einem steilen Hügel die mittelalterliche Burgruine Alara Kalesi. Sie galt lange Zeit als uneinnehmbar; erst 1232 fiel sie den Seldschuken in die Hände.

Unten:
Wilde Oleandersträucher blühen hier im Tal des Flusses Alara. Auch auf diesem Fluss können Rafting-Touren unternommen werden. Doch ist dies nicht ganz ungefährlich.

Seite 128/129:
Die Bucht von Alanya im Lichterglanz. In der Bildmitte ein Wahrzeichen der Stadt, der 1224 bis 1228 erbaute Rote Turm am Hafen. Im Vordergrund das Restaurant auf dem Burgberg.

Rechts:
Ein Strand, wie er schöner nicht sein könnte: an der türkischen Riviera westlich von Alanya.

Unten:
Im Westen von Alanya liegt der „Kleopatra-Strand“. Nach der Legende kam Königin Kleopatra während einer Reise übers Mittelmeer nach Alanya und badete im glasklaren Wasser dieser Bucht. Im Hintergrund der Burgberg.

Oben:
Aussicht vom Burgberg auf den Kleopatra-Strand und die Stadt Alanya. In Alanya leben circa 10 000 deutsche Aussiedler; darum wird es scherzhaft auch „Almanya" genannt.

Links:
Am Fuße des Burgbergs von Alanya errichteten die Seldschuken im Jahr 1227 eine der ersten Schiffswerften im Mittelmeerraum Jeder ihrer fünf Spitzbögen ist sieben Meter breit. Sie ist zu Fuß über die Stadtmauer und per Boot erreichbar.

Oben:
Iotape war in der Antike eine Stadt im rauen Kilikien, 35 Kilometer östlich von Alanya. Von ihren Thermen, Kirchen, Speichern und der Nekropole sind wenige Überreste erhalten, die von der Küstenstraße zwischen Alanya und Anamur durchquert werden.

Rechts:
Am Strand von Gazipaşa, einer Kreisstadt rund vierzig Kilometer südöstlich von Alanya. Hier gibt es seit 1999 einen Flughafen (IATA-Kürzel: GZP); 2013 wurde für Flüge aus Deutschland die Landegenehmigung erteilt.

Oben:
120 Kilometer östlich von Alanya liegen an der Mittelmeerküste gegenüber der Insel Zypern die Stadt Anamur und in der Nähe die antike Stadt Anemurion sowie die Burg von Mamure (Mamure Kalesi). Die Römer erbauten sie im 3. Jahrhundert n. Chr.

Links:
Dieses Felsentor steht vor der Küste bei Antiochia am Kragos (an den Klippen), dem heutigen Endişegüney. In der Antike gab es mindestens 24 Städte, die den Namen Antiochia trugen.

Register

BULGARIEN
Burgas
Edirne
Kırklareli
GRIE-
CHEN-
LAND
Uzunköprü
Lüleburgaz
Bosporus
Keşan
Tekirdağ
Istanbul
Üsküda
Yeşilköy
Gelibolu
Gelibolu Yarımadası NP
Marmara
Marmara-Meer
Gebz
Yalova
Gölcük
Gökçeada
Çanakkale
Bandırma
Troja
Kuşcenneti NP
Bursa
Uludağ NP
Bilecik
Kaz Daği NP
Assos
Edremit
Edremit Körfezi
Balıkesir
Bozüyük
Lesbos
Ayvalık
Pergamon
Bergama
Kütahya
Akhisar
Izmir
Manisa
Uşak
Arslan
Çeşme
Turgutlu
Sardes
Salihli
Başkomutan NP
Teos
Ödemiş
Ephesos
Selçuk
Ägäis
Kuşadası
Samos
Aydın
Hierapolis
Pamukkale
Priene
Söke
Denizli
Aphrodisias
Milet
Didyma
Milâs
Burdur
Kovada
Lykien
Muğla
Halikarnassos
Bodrum
Gökova Körfezi
Marmaris
Knidos
Kaunos
Termessos
Fethiye
Bey Dağı 3.070 m
GRIECHEN-
LAND
Telmessos
Xanthos
Myra
Rhodos
Letoon
Kaş
Kale
Mittelländi
100 km

Schwarzes Meer
RUSSLAND
GEORGIEN
ARMENIEN
TÜRKEI
IRAN
SYRIEN
IRAK
ZYPERN
LIBANON
ISRAEL
Pontisches Gebirge
Anatolien
Kappadokien
Inneres Taurus
Armenischer Taurus
Westlicher Taurus
Sotschi
Grozny
Tiflis
Batumi
Gyumri
Jerewan
Sinop
Samsun
Ordu
Trabzon
Erzurum
Ankara
Sivas
Kayseri
Konya
Adana
Mersin
Gaziantep
Malatya
Diyarbakır
Van
Aleppo
Mosul
Homs
Beirut
Damaskus
Bagdad
Latakia

Im Olimpos-Nationalpark an der lykischen Küste nördlich von Çıralı lodern bei Chimaira diese „Ewigen Flammen" aus dem Untergrund. Die Chimäre, ein Feuer speiendes Ungeheuer, soll hier in die Unterwelt verbannt worden sein. Nur sein feuriger Atem kommt noch an die Erdoberfläche. Die Flammen ernähren sich von Gasen, die hier aus dem Boden dringen und sich selbst entzünden – und das schon seit Tausenden von Jahren!

Impressum

Buchgestaltung
Matthias Kneusslin
www.hoyerdesign.de

Karte
Fischer Kartografie, Aichach

Printed in Germany
Repro: Artilitho snc, Lavis-Trento, Italien
www.artilitho.com
Druck und Verarbeitung: Offizin Andersen Nexö, Leipzig

ISBN 978-3-8003-4207-5